UTOPIA HUMANITIES

유토피아 인문학

유토피아 인문학

초판 1쇄 2013년 3월 15일

지은이 최규홍, 보광(한태식)스님, 고재석, 이정배, 이한구, 정승용
펴낸이 장민환
발행처 석탑출판(주)
주 소 서울 종로구 신문로1가 광화문오피시아빌딩 1631호
전 화 02)3276-2913 **팩 스** 02)3276-2912
이메일 seoktoppub@naver.com
디자인 디자인내일 **인 쇄** 한영문화사

ISBN 978-89-293-0419-5

추천사 : 유토피아를 출간하며

우리들은 누구나 좋은 세상에서 행복하게 영원히 살고 싶어 합니다. 옛날부터 우리들은 이상사회에서 살다가 사후에는 하늘나라, 극락세계, 천당에 가기를 염원해 왔습니다.

우리가 꿈꾸어 온 유토피아 이상향을 다양한 관점에서 알아보고자 유학자, 스님, 목사님, 천문학자 및 철학자를 모시고 세미나를 개최하고 그 발표 내용을 책으로 엮었습니다.

아무쪼록 이 책이 유토피아를 이해하는 데 많은 도움이 되었으면 합니다.

한길모임 회장

서울의대 교수 박재갑

서문 : 달콤한 꿈, 유토피아

가끔 비행기에 몸을 싣고 두터운 구름층을 헤쳐 하늘 높이 오를 때면, 눈앞에 백옥처럼 펼쳐진 흰 구름바다의 장관에 넋을 잃곤 합니다. 그리고는 전래동화 속에 그려지던 천상의 나라가 혹시 저 구름이 끝나는 아득히 먼 곳에 있지 않을까 상상을 합니다. 적어도 녹록치 않은 현실과 다른 그 세계는 몸을 던져도 언제든 포근히 받아 줄 수 있는 솜털처럼 폭신한 구름과 같이 평안하고 평화로운 곳이어야 한다는 믿음 때문일 것입니다.

새로운 세상에 대한 열망을 우리는 '유토피아'라고 부릅니다. 인간의 지적 노력이 중시되던 르네상스 시기, 토머스 모어는 자신이 처한 영국사회의 사회적 모순을 경험하고, 《유토피아》라는 소설형식을 통해 자유와 평등이 실현되는 행복한 사회에 대한 염원을 보여주었습니다.

보다 안락한 삶, 보다 살기 좋은 세상에 대한 꿈이 본질적이라서 그런지, 유토피아는 시공을 초월하여 많은 사람들의 공감을 불러일으켰습니다. 형식과 내용은 다르지만, 사람들은 제각기 자신만의 방식으로 세상을 변화시키는 근본적 전환을 설명하였습니다. 자유의 가치가 중시되는 민주주의, 평등의 이념이 중시되는 사회주의, 자연의 현상을 원리와 법칙으로 증명하여 윤택한 삶을 제공하려는 과학문명이 그렇습니다. 또 눈에 보이는 현상 너머에 보다 근원적 가치를 부여하여 천지자연을 성스럽게 하는 종교도 그렇습니다.

그리스어에서 유토피아는 이 세상에 없는 곳outopia이기도 하고, 더 없이 좋은 곳eutopia이기도 합니다. 그래서 유토피아는 실현되지 않는 이상으로만 존재하기도 하고, 불안과 위기의 시대에 세상을 변화시키는 근본적 힘으로 작동하기도 합니다. 물론 유토피아에 대한 열망이 긍정적 결과만 가져다주는 것은 아닙니다. 사이비종교나 현실에 맞지 않는 사회체제는 오히려 사람들에게 현실도피적인 허황된 태도를 갖게 하거나 억압과 폭력, 또 다른 불평등을 초래하기도 합니다.

물질문명과 파편화된 인간관계, 끊임없는 경쟁으로 21세기를 살고 있는 우리는 새로운 세상에 대한 저마다의 이상을 어느 때보다 강하게 품고 있습니다.

그래서 우리는 과학과 철학, 종교, 문화에서 바라보는 유토피아의 모습을 논의하였습니다. 이것이 전부라서가 아니라, 여전히 세계를 이해하는 주요 방식으로 작용하고 있기 때문입니다.

우주의 모습, 그 광활함과 오랜 역사, 그 가운데 홀로 푸른빛을 띠며 살아 숨 쉬고 있는 지구를 탐구하는 천문학자의 입장에서는 신을 믿는 사람이든 믿지 않는 사람이든, 그 오묘함에 무릎 꿇을 수밖에 없다고 합니다. 알면 알수록 우리 자신이 우주 속에서 얼마나 보잘 것 없는 존재인지, 스스로 낮아지고 작아질 수밖에 없고, 그 가운데 내가 지금 살아 있음을, 숨 쉬고 있음을, 하늘의 별을 볼 수 있음을, 감사하고 기뻐하며 바로 이 순간이 그토록 찾아 마지않던 천국이 될 것이라고 말합니다.

불교는 연기론 중심의 철학입니다. 초기불교에서 천상의 세계를 수용하기도 하였지만, 후기 대승불교에서는 깨달음이 보장되는 정토의 세계를 말하고, 이 중에서도 가장 수승한 정토인 극락세계를 불교의 가장 이상적인 유토피아로 보고 있습니다. 그래서 내 마음에 극락이 있다고 하는 유심정토의 주장은 미흡합니다. 이곳에서 서방으로 십만억 국토를 지난 곳에 극락세계와 아미타불이 분명하게 계시므로, 중생이 아미타불과 똑같은 깨달음을 통해 극락에 왕생하는 수행을 제시하고 있습니다.

기독교의 천국은 차안을 떠난 피안적 공간일 수 없다고 말합니다. 죽어서 육체를 떠난 인간 영혼이 홀로 가는 천국은 없습니다. 대신 하느님 지배가 이뤄지는 곳이 천국이란 것이 구약성서로부터 이어진 기독교의 핵심이라는 것입니다. 인습적인 기독교 신앙에 젖어 있던 신앙인들에게 이러한 논지는 실망과 충격일 수도 있습니다. 또 기독교에 별반 기대를 두지 않던 일반인들에게 천국을 대신하는 하느님 지배란 개념이 오히려 호감을 가져올 수도 있을 법합니다. 결국 하느님 지배는 인간을 포함한 우주전체가 정의와 평화의 공간으로 바뀌는 상태입니다.

동아시아의 공통된 정신유산 유학은 이상사회가 아득히 먼 저 하늘에 있는 것이 아니라, 지금 바로 여기 우리가 두 발 딛고 있는 현실에 있다고 봅니다. 그렇기에 그 꿈은 이미 과거에 실현되었고, 현실에 실현되어야 하며, 후대에도 지속되어야 합니다. 물론 실현의 권한은 소수의 권력자에게 독점되는 것이 아니라, 누구나 맘만 먹으면 주동적으로 내재된 본래가치를 확립하여 천지자연이 유기적으로 연결되어 조화롭게 어우러지는 세상을 이룩할 수 있습니다. 믿음이 전제되는 신뢰사회, 자기 자식을 사랑하듯 이웃과 천지만물을 아끼는 사랑이 넘치는 세상을 구축하는 것이 이상인 것입니다.

한국인이 추구했던 유토피아는 전체적으로 보면 대동사회라는 큰 틀 속에 포괄되지만, 세부적으로는 지치주의의 도덕국가, 신분의 평등사회, 실학의 민본사회로 나눌 수 있습니다. 이런 유토피아의 전통으로 인해 개인의 자유를 추구하는 자유주의의 전통보다는 명분과 평등의 가치가 더 중시되고 있습니다. 특히 실학의 민본사회는 산업화와 민주화를 성공시킨 사상적 뿌리로 작용하고 있습니다.

이처럼 과학이나 철학, 종교는 세계를 이해하는 방식의 차이에 따라 유토피아를 달리 표현하고 있습니다. 물론 다름 때문에 갈등하고 충돌하기도 하지만, 달리 보면 다름은 문제가 아니라 오히려 세상을 이해하는 다양한 방식을 제공하여 폭넓고 다양성이 존중되는 사회로 안내할 수 있는 이점도 있습니다.

흥미로운 것은, 종교든 과학이든 철학이든 각자가 추구하고자 하는 유토피아는 지금 바로 여기에서 성스러움을 회복하여 모든 존재자가 귀하고 조화롭게 자리하는 세상을 완성하는 것입니다.

유토피아가 이루어지는 꿈을 상상하니 달콤합니다. 여기서 소개하는 세상을 바라보는 다양한 시각이 우리의 삶을 더 따듯하고 의미 있게 하는 자양분이 되면 좋겠다는 희망을 품어봅니다.

2013년 만동晩冬

저자 일동

추천사 3

서문_ 달콤한 꿈, 유토피아 4

천문학자가 보는 하늘나라 – 최규홍 11

1. 원초적 질문 세 가지
2. 태양계 여행
3. 은하계 여행
4. 외부 은하 여행
5. 우주의 나이와 우주의 끝
6. 지적 생명체를 찾아서
7. 천문학자가 보는 하늘나라 : 천국이란?

스님이 보는 극락세계 – 보광(한태식) 스님 45
정토삼부경을 중심으로

1. 서론
2. 불교의 우주관
3. 정토淨土의 개념
4. 경전상의 극락세계의 아름다운 장엄
5. 아미타불은 어떤 분인가?
6. 극락세계는 어디에 있는가?
7. 결론

'대동大同'을 향한 꿈, 유학의 이상사회 – 고재석 *103*

1. 고장 난 새로운 세상에 대한 꿈, '유토피아Utopia'
2. 유학의 이상사회, '대동大同'
3. 공자가 지향한 이상사회
4. 인이 실현되는 사회에 대한 달콤한 상상

기독교의 하느님 나라天國 – 이정배 *135*
현재/미래, 차안/피안 그리고 개인/전체의 이분법을 넘어

1. 인습화된 기독교인의 천국관, 무엇이 문제인가?
2. 성서가 말하는 하느님 나라–하느님 나라와 하느님 지배
3. 초자연적 표상인 부활, 승천, 재림의 교리에 대한 재해석
4. 하느님 나라와 구원의 관계성에 대한 신학적 성찰
   – 하느님 나라의 통합적 이해

나가는 글

한국인의 유토피아 – 이한구 *177*

1. Homo Sperans : 인간은 꿈꾸는 존재다
2. 낙원과 종교적 새 세상, 유토피아는 어떻게 구별되는가
3. 한국인의 유토피아 : 대동사회
4. 유토피아의 유형화
5. 역사는 유토피아가 이데올로기로 구체화되는 과정이다
6. 한국인의 유토피아가 갖는 특성

내가 바라보는 천국, 하늘나라 – 정승용 *219*

천문학자가 보는 하늘나라

최규홍
연세대 천문우주학과 명예교수

사람들은 누구나 천국을 꿈꾼다. 종교를 가진 사람이든 그렇지 않은 사람이든 누구나 천국을 바라고 소망한다. 지금 겪고 있는 개인적인 어려움과 고통으로부터 벗어나기를, 혹은 더 큰 규모의 비극과 재앙이 사라지기를, 그리고 행복과 기쁨, 평화가 넘치기를 고대한다.

천국은 있는가? 있다면, 어디에 어떠한 모습으로 있는가?

우리는 그 답을 알지 못하지만 예전부터 사람들은 천국이 하늘 위에 있는 것으로 생각해 왔다. 그러면 혹 천문학자들이 천국에 대하여 조금은 더 잘 알고 있지 않을까? 유감스럽게도 그렇지는 않은 것 같지만 한 가지 분명한 것은, 우리가 궁금해 하는 하늘나라우주와 별들의 하나인 우리의 지구에 대해서는 조금은 잘 알고 있다고 생각한다.

그렇다면 천국을 찾기에 앞서 지금 우리가 살고 있는 이 땅, 지구와 우주, 그리고 우리 자신을 살펴보면 우리가 그리는 천국은 어떤 모습일지 추측해 볼 수는 있지 않을까 하는 생각도 할 수 있을 것이다.

1. 원초적 질문 세 가지

1) 원초적 질문 첫 번째 : 만물의 기본 요소는?

어린 시절 누구나 한번쯤 '세상은 도대체 무엇으로 만들어져 있을까?' 생각해 보았을 것이다. 과학적인 재능이나 호기심이 전혀 없이 평범한 어린 시절을 보냈을지라도 누구나 이러한 의문을 떠올렸던 기억을 가지고 있을 것이다.

이런 의문에 대한 최초의 답은 기원전 600여 년 전에 고대 그리스의 철학자 탈레스Thales, BC624?~BC546?에 의해서 제기되었다. 그는 만물의 근원은 '물' 이라고 했다. 왜 그런 생각을 가졌는지는 모르나 다만 아리스토텔레스Aristotle, BC384~BC322가 추측하기로는 모든 영양분이나 종자에 습기가 있고, 습기로 인해 생명체가 살아 있기 때문이라고 한다.

탈레스에 대한 유명한 일화가 있다. 어느 날 탈레스가 별을 탐구하기 위해서 밤하늘을 보면서 걸어가다가 우물에 빠졌다. 그러자 그 광경을 옆에서 지켜 본 탈레스 하녀가 중얼거린다.

"한 치 발앞의 일도 모르면서 하늘의 일을 알려고 하나? 쯧쯧!"

이는 오늘날 처자식을 고생시키면서까지 진리를 좇는 철학자를 비하하는데 쓰이곤 한다.

기원전 444년경 고대 그리스의 엠페도클레스Empedocles, BC490~BC430는 그 유명한 4원소설을 제창하였다. 4원소란 흙, 물, 불, 그리고 공기바람다. 4원소는 고대인들이 생각했던 만물의 근본의 대명사처럼 여겨지기도 한다.

성경에 나오는 하느님이 흙을 물로 잘 반죽을 하고 불로 구워서 하느님의 영감을 넣어 인간을 만들었다는 아이디어도 이 4원소설에 기반을 두고 있다. 4원소설이 그 시절의 최신 과학지식이기도 하다.

그러나 현재 알려진 물질의 기본 입자는 여섯 종류의 '쿼크quark' 와 여섯 종류의 '렙톤lepton' , 그리고 이들 기본 입자들을 매개하는 보존들로 구성되어 있다.

이러한 이론을 표준 모델Standard Model이라고 하고 현재 알려진 이론 중 중력을 뺀 가장 일반적인 이론이다.

이 기본 입자들은 1995년 'T쿼크' 가 미국의 테바트론 가속기에서 발견된 것을 마지막으로 모두 발견되었다. 그리고 표준 모델의 마지막 발견되지 않았던 입자인 '힉스Higgs' 도 2012년에 유럽 입자물리연구소CERN에서 발견되었다. 그러나 과학자들은 이에 만족하지 않고 모든 입자들이 끈으로 이루어졌다는 초끈super string이론을 고안하여 우주의 모든 것을 설명하는 이론인 궁극적 이론Theory of Everything을 만들려고 노력하고 있다.

2) 원초적 질문 두 번째 : What is life?

두 번째 원초적 질문은 '지구상의 생명은 언제, 어디서, 어떤 모양으로 출연하였을까? 인간은, 그리고 생명이란 무엇인가?' 이다.

수소, 산소, 탄소, 질소, 유황, 인의 6개가 생명체를 이루는 기본 원소다. 지구 최초의 생명 증거는 약 38억 년 전의 미생물 화석이다. 미생물 역시 하나의 세포로서 아미노산amino acid과 작은 뉴클레오티드nucleotide와 같은 유기분자들이 있다는 뜻이다. 그러면 이러한 유기분자들은 어떻게 만들어진 것일까?

1953년 시카코대학의 밀러Stanley Lloyd Miller, 1930~2007와 유리Harold C.Urey, 1893~1981가 그 당시 과학자들이 초기 지구 상태라고 믿었던 실험 조건을 만들어서 유기화합물이 만들어지는 것을 확인하게 되었다. 초기 지구 대기는 암모니아, 수소, 메탄, 수증기 등으로 이루어져 있었으며, 강력한 번개에 의해 아미노산과 같은 다양한 유기분자들이 생성되었을 것이라고 생각하였다.

밀러-유리 방식의 실험 장치는 결과적으로 아미노산이 생성되기는 하나 D형 아미노산과 L형 아미노산의 두 이성질체 구조의 아미노산이 반반씩 섞인 혼합물로 합성되어 생성된다. 여기서 L형 아미노산은 단백질 합성에 필요한 것이지만, D형 아미노산은 오히려 단백질 합성을 방해하는 요소로 작용하기 때문에 원시지구에서 정상적으로 생명체가 만들어지기 위해서는 자연에서 이 혼합물로부터 L형 아미노산을 분리시키는 과정이 있어야만 한다. 하지만 그 과정에 대한 설명은 불충분하다.

그렇다면 지구에서 어떻게 생명체가 발생할 수 있었을까?

지구 자체적으로 충분한 양의 유기화합물을 생성하여 생명체가 탄생할 수 있는 기간까지의 시간이 부족했다면, 가장 가능성이 큰 답변은, 생명체 발생에 필요한 충분한 유기화합물을 합성할 수 있었던 환경으로부터 발생한 곳, 즉 우주로부터의 유입이다.

현재까지 가장 가능성이 높은 가설은 화성으로부터의 생명체 유입이다. 1996년 NASA의 과학자들은 남극 대륙 알란 힐스Allan Hills 지역에서 발견된 38억 년 전 화성으로부터 유입된 운석 'ALH84001'에 대한 깜짝 놀랄 만한 발표를 했다. 운석 틈새에 유기분자가 포함돼 있으며 박테리아 활동에 관련될 수 있는 마그네타이트, 황화철 등의 화학물이 존재한다고 밝혔다. 이 운석은 1,500백만 년 전 대충돌로 화성에서 떨어져 나와 우주 공간을 떠다니다 1만3,000년 전에 지구의 남극대륙에 떨어진 것으로 추정되고 있다.

우리의 생명 근원은 어디서부터 기인한 것일까?

그리고 과연 생명 현상이란 무엇인가?

이 질문에 대해 1944년에 오스트리아 물리학자 에르빈 슈뢰딩거Erwin

Schrodinger, 1887~1961가 《생명이란 무엇인가What is life》란 책을 발간하여 모든 사람에게 큰 충격을 주었다. 생명현상을 물리학자의 관점에서 바라보려고 노력한 책이다.

이 책은 기본적으로 한 가지 질문을 제시한다. 과연 생물은 무생물과 어떤 차이를 가지고 있는 것인가? 이 책의 출간 이후 생명에 관해 엄청나게 많은 새로운 사실이 발견되고, 또 실험을 통해 확인되었다. 그러나 '생명이란 무엇인가' 라는 질문에 대한 대답은 우리 인간의 지식이 아직 초기 단계로 앞으로의 먼 여정이 우리를 기다리고 있다.

3) 원초적 질문 세 번째 : 우주란 무엇인가?

세 번째의 원초적인 질문은 우주, 즉 하늘나라에 대한 궁금증이다.
어린 시절 밤하늘을 바라보면 떠오르던 궁금증.

- 우리는 어디에서 왔고 어디로 가는가?
- 우주는 얼마나 큰가?
- 우주의 끝은 있는지?

오랜 옛날부터 많은 학자들이 우주의 구조에 대해 생각해 왔다. 고대 그리스에서 아리스토텔레스는 지구가 우주의 중심에 있고 모든 천체가 지구 주위를 원을 그리며 공전한다고 주장했다. 하지만 천동설을 체계화한 사람은 프

톨레마이오스Ptolemaeos, AD90~168, 영어이름은 톨레미Ptolemy다. 140년경 체계화된 프톨레마이오스의 천동설에서는 우주의 중심에 지구가 있고, 태양을 비롯한 모든 천체는 하루에 한 번 지구 주위를 돈다. 그러나 행성의 공전 속도가 각기 다르기 때문에 시기에 따라 보이는 행성이 다르다. 항성은 천구에 붙어 있거나 천구에 뚫린 미세한 구멍으로 천구 밖의 빛이 새어나와 보이는 것으로 여겨졌다. 행성과 항성은 신의 보이지 않는 힘으로 움직이는 것으로 여겼다.

천동설은 단순한 천문학적인 계산이 아니다. 거기에는 당시의 철학이나 사상이 담겨 있다. 신이 지구를 우주의 중심으로 둔 것은 그것이 인간이 사는 특별한 천체이기 때문이다. 중세 유럽에서는 당시 아리스토텔레스의 철학을 받아들였던 중세 기독교 신학에 부합하였기에 천동설이 공식적인 우주관으로 채택되었다.

14세기에 발표된 이탈리아의 시인 단테Alighieri Dante, 1265~1321의 《신곡La Divina Commedia》 천국 편에서는 지구 주위를 달, 태양, 목성 등이 있는 하늘이 동심원 모양으로 둘러싸고 있고, 그 위에는 항성이 있는 하늘나라가 있다고 생각했다. 단테도 천동설을 기반으로 하는 우주관을 가지고 《신곡》을 쓰게 된다.

르네상스 시대 가장 중요한 사건 중의 하나는 1543년 폴란드의 성직자 코페르니쿠스Nicolaus Copernicus, 1473~1543의 지동설이다. 그는 행성 운동에 대한 기존의 이론을 비판적으로 재평가하여 태양계에 대한 새로운 이론을 제창하였다. 그는 지구가 태양계의 행성 하나에 불과하고 모든 행성은 태양을 중심으로 원운동을 한다고 생각하였다.

코페르니쿠스는 '땅은 움직이지 않는다' 라는 중세 교회의 거역할 수 없는 도그마이자 신앙의 절대 조항에 대하여 "하느님이 만든 신전이라고 할 수 있는 이 우주 한 가운데에 촛불태양을 켜 놓은 것이 옳지, 궁색하게 촛불을 신전 안에서 빙글빙글 돌도록 해 놓을 리가 있느냐"고 했다. 운 좋게도 지동설을 발견한 코페르니쿠스는 죽기 몇 개월 전에서야 비로소 논문을 세상에 내놓았다.

이단의 심판을 두려워해 재판정에서 자신의 이론을 부인한 후 재판정을 나서면서 "그래도 지구는 돈다"고 말한 이탈리아의 과학자 갈릴레이Galileo Galile, 1564~1642와는 달리 코페르니쿠스 제자의 한 명인 조르다노 브르노Giordano Bruno, 1548~1600는 끝까지 자신의 소신을 지키다가 이단으로 몰려 화형을 당했다.

브루노는 도미니크Dominic 수도회에 가입하여 수도사가 되었으나 코페르니쿠스의 책《천체의 회전에 관하여De revolutionibus orbium coelestium》에서 신비로운 과학의 세계에 눈을 뜨면서 수도원을 뛰쳐나왔다. 그는 "우주는 무한으로 퍼져 있고 태양은 그중의 하나인 항성에 불과하며 밤하늘에 떠오르는 별들도 모두 태양과 같은 종류의 항성"이라는 무한 우주론을 주장하였다. 더 나아가 우주에는 수많은 세상이 존재하며 그중에는 생명이 사는 곳이 많다고 주장하였다.

이상의 원초적 질문 세 가지는 현대 천문학과 우주론을 이끌어 냈다. 기술의 발전과 함께 지금까지 밝혀진 우주의 모습은 어떠할까? 우주 어딘가에 우리가 꿈꾸고 바라는 천국이 있지 않을까?

이제부터 현대의 우주에 관해 자세히 설명하겠다.

천국을 찾아 떠나면 우주여행을 시작해 보자.

2. 태양계 여행

화성은 왜 그렇게 끊임없이 화제에 오를까? 화성이 인류의 관심을 끌어온 이유는 여러 면에서 지구와 비슷하여 '제2의 지구'로 여겨졌기 때문이다.

지구와 제일 가까운 달과 제2의 지구인 화성으로 우주여행을 시작하자.

1) 달 여행

달아 달아 밝은 달아 이태백이 놀던 달아
저기 저기 저 달 속에 계수나무 박혔으니
옥도끼로 찍어내어 금도끼로 다듬어서

초가삼간 집을 지어 양친부모 모셔다가

천년만년 살고지고 천년만년 살고지고

학창시절 즐겨 부르던 동요이다.

지구에서 달까지는 384,400km 떨어져 있고, 빛으로는 1초 걸리고, 우주선으로는 약 2일 걸린다. 구소련의 달 탐사선인 루나Lunar 3호는 1959년 10월 4일 R-7 로켓에 의해 발사되었다. 1959년 10월 6일에 달에 도달했으며, 최초로 달의 뒷면을 촬영하였는데 달의 앞면과 비슷하게 분화구가 많이 보였기에 서방언론은 가짜 사진이라고 우겼다. 달 뒷면에 계수나무와 토끼가 살고 있을 것이라고 믿었던 꿈 많은 젊은이들의 생각은 한순간에 날아갔다. 달에서 토끼가 방아를 찧는다는 이야기는 거짓말이 되고 말았고, 달이 더 이상 우리들의 천국이 아니라는 것이 증명되었다.

서양인들에게 낮에는 신이 지배하고 밤은 악마가 지배한다는 이야기가 있다. 서양인들에게는 자연히 밤의 상징인 달이 좋지 않는 존재다. 보름달은 서양인들에게 공포의 상징이고, 13일의 금요일이 보름달이면 적지 않은 사람들이 외출을 하지 않을 정도다. 서양의 소설이나 영화를 보면 귀신이나 유령이 나타나는 장면은 모두 보름달을 배경으로 하고 있다.

반면에 동양에서는 도깨비나 귀신들이 달이 없는 밤에나 활동을 하지, 호

박같이 둥근 보름달이 뜬 밤에는 감히 나오지 못한다. 우리는 보름달이 뜨면 '달맞이'를 가는 것이다.

이런 달의 기원은 80년대 후반까지 알려져 있지 않았다.

1969년 아폴로 11호가 달에서 가져온 돌멩이에는 철과 잘 결합하는 이리듐, 백금 등의 원소와 철이 결핍돼 있다. 지구는 철이 풍부하므로 지구와 달이 동시에 태어난 하나의 쌍이라고 볼 수 없는 이유다. 월석은 지구의 맨틀과 그 성분이 놀라울 정도로 비슷하지만 휘발성 원소인 탄소와 질소가 지구보다 결핍되었기에 지구의 맨틀 일부가 떨어져 나가 달이 됐다고도 할 수 없다.

원시 지구의 질량이 현재의 반쯤 됐던 시기에 미행성의 충돌 병합으로 우연히 벌어진 충돌 사건에서 달이 태어났다고 한다. 충돌 당시에 무거운 철은 이미 지구 중심에 있었고, 가벼운 규산염 성분의 맨틀이 원시 지구 바깥을 이루고 있었다. 이때 구조는 비슷하지만 질량이 지구의 4분의 1 되는 다른 원시 행성체가 원시 지구와 비스듬히 충돌해서 지금과 같은 지구와 달이 생성되었다고 한다. 45억 년 전에 있었던 우연한 충돌로 지구는 달을 갖게 되는 운명을 맞았고, 인류는 달에 대한 무한한 꿈을 가지게 됐다. 달의 지름은 지구의 약 4분의 1, 표면에서의 중력은 지구의 약 6분의 1이며 중력이 작기 때문에 대기를 가지고 있지 않다. 지구의 경우 운석이나 작은 소행성들이 지구와 충돌하더라도 대기권을 통과하는 과정에서 대부분 불에 타 사라져 버린다. 하지만 달은 대기권이 없기 때문에 그대로 달 표면에 충돌하게 되고, 이 때문에 달

표면은 충돌로 인한 분화구가 많다. 또한 태양을 받는 부분과 받지 않는 부분의 온도 차이가 심해서 최저 섭씨 −230℃, 최고 섭씨 120℃, 평균 섭씨 −20℃이다. 빛을 분산시켜주는 대기가 없으므로 달에서 보는 하늘은 파란 하늘이 아니라 언제나 검은 밤하늘이다. 해가 떠 있는 시간일지라도 말이다. 달은 약 27일을 주기로 지구 주위를 공전하는데, 자전 주기 역시 이와 같은 27일이므로 우리는 항상 달의 한쪽 면만을 보게 된다.

이 모든 과학적인 정보를 종합해 보면 달은 우리가 원하는 천국이 아니라는 결론을 얻게 된다.

2) 화성 여행

두 번째 여행은 화성으로 떠나보자.

1877년 이탈리아의 천문학자 지오바니 스키아파렐리Giovanni Schiaparelli, 1835~1910가 8인치 망원경으로 화성을 관측하다가 발견한 줄무늬에 카날리canali수로라고 이름 붙였다. 이후 영어로 번역하는 과정에서 운하를 뜻하는 'canal'로 바뀌었다.

이것을 주의 깊게 본 사람은 다름 아닌 미국의 퍼시빌 로웰Percival Lowell, 1855~1916이다. 로웰은 준 외교관 신분으로 조선에 근무한 특이한 경력의 인물로, '고요한 아침의 나라the land of morning calm'라는 말을 최초로 사용했다. 그는 운하로 착각하고 화성의 극관과 결부시켜 저위도에 살고 있는 고등한 생명체가 극지방으로부터 부족한 물을 공급하기 위해 만든 것이라고 생각했다. 그리고 화성인이 존재할지도 모른다는 생각을 가지고 화성을 연구하기 위해 1894년 애리조나의 플랙스탭Flag staff이라는 곳에 로웰 천문대를 세워 160여 개의 운하를 발견했다. 그 당시 신문에 "화성인이 쳐 들어온다"고 대서특필되기도 해 일반 사람들이 화성에 대해 열광하기 시작했다.

그러나 이런 canali는 당시의 조잡한 망원경에서 나타난 '착시현상' 이었다. 망원경이 정밀해지고 대구경으로 되면서 화성 운하의 관측빈도가 떨어졌다. 1909년 33인치 망원경으로는 어떤 canali도 발견하지 못했다.

화성의 지름은 지구의 약 2분의 1, 표면에서의 중력은 지구의 약 3분의 1 정도다. 화성의 하루는 약 24시간 40분으로 우리 지구의 하루와 40분 정도 차이가 나고, 공전궤도면에 대한 자전축의 경사각이 24°로 우리 지구의 경사각 23.5°와 거의 일치한다. 이것은 화성이 지구처럼 봄, 여름, 가을, 겨울의 4계절이 있다는 뜻이다. 또한 희박하나마 대기가 존재하고, 공전주기는 687일이다. 화성 표면이 붉게 보이는 이유는 산화철이 많기 때문이고, 바다라 불리는 낮은 지대에는 거무튀튀한 현무암이 많은 것으로 알려졌다. 화성은 두 개의 위성을 가졌는데, 그리스 신화에 나오는 마르스의 두 아들 이름을 따서 포보스와 데이모스라 이름 붙여졌다. 포보스는 약 8시간, 데이모스는 약 30시간의 주기를 가지고 화성 둘레를 공전한다. 약 27일에 이르는 달의 공전 주기와 비교하면 매우 빠르게 공전하고 있음을 알 수 있다. 포보스와 데이모스 모두 달과 마찬가지로 공전 주기와 자전 주기가 같으므로 화성에서 바라볼 때에 한쪽 면만을 볼 수 있다. 포보스는 아주 조금씩 화성과 가까워지고 있으며 언젠가 화성 표면에 충돌할 것으로 예상되고, 데이모스는 화성과 점점 멀어지고 있다.

화성에 물이 존재하는가를 알기 위해 미국 항공우주국NASA의 화성 탐사로봇 큐리오시티Curiosity가 2012년 8월 5일 화성에 착륙해 탐사중이다. 과학자들은 화성에 물이 존재하고, 미생물도 생존해 있을 것이라고 생각하고 있지만, 지적인 고등 생명체가 없다는 것은 확실하다.

3. 은하계 여행

어린 시절에 불렀던 동요 윤극영 선생의 '반달'

푸른 하늘 은하수 하얀 쪽배엔
계수나무 한 나무 토끼 한 마리
돛대도 아니 달고 삿대도 없이
가기도 잘도 간다 서쪽 나라로

우리 인류가 최초로 발견한 은하는 위 동요에 나오는 은하수로, 바로 우리 은하이다. 음력 7월 7일 칠석날 오작교에서 견우성 직녀성이 만나는 은하수도 우리 은하다.

우리 은하는 약 1천억 개의 별들로 이루어졌다. 태양도 우리 은하에 속한 수많은 별들 중 하나다. 우리 은하의 중심을 태양의 위치에서 보면 밤하늘을 가로지르는 은색의 강처럼 보이기 때문에 은하수라고 부른다. 우리 은하는 공 모양의 암흑 웅덩이 안에 얇은 원반 모양을 하고 있다. 원반은 기체와 별로 이루어져 있고, 나선팔로 형성되어 있다.

옛날 사람들은 우주의 중심이 지구라고 생각했지만 코페르니쿠스 이후 금세기 초까지 약 300년에 걸친 시대에서 우주의 중심은 태양이었다. 우리 은하계와 우주의 구별이 없었던 탓에 은하계 즉 우주의 중심이 태양이라는 생각은 약 100년 전까지 천문학자들이 생각하는 우주관이었다. 이것은 마치 나무는 보아도 산을 보지 못하는 등산가가 스스로 산의 중심에 서 있다고 생각하는 것처럼 비과학적인 현상이라고 말할 수 있다.

은하계의 중심을 발견한 사람은 1918년 미국의 천문학자 섀플리Harlow Shapley, 1885~1972다. 그는 밤하늘의 별 분포를 연구했는데, 그중 구상성단의 분포에서 실마리를 찾아 구상성단이 많이 분포되어 있는 궁수 별자리에 은하계의 중심이 있다고 생각하였다. 그래서 구상성단들의 거리를 측정하여 태양

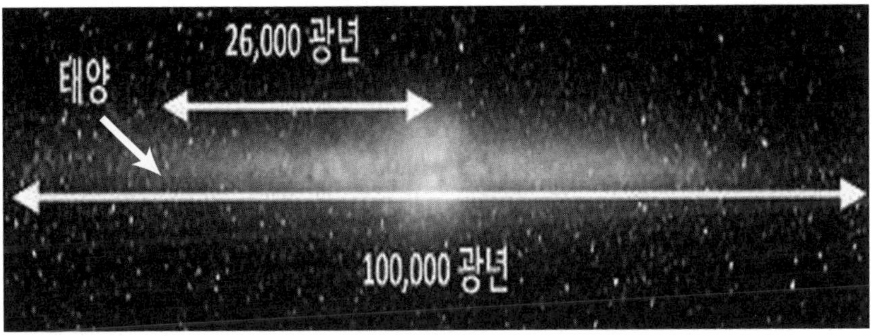

그림1. 우리 은하계. 태양은 은하중심에서 2만6,000광년의 거리에 있다. 우리 은하계의 크기는 10만 광년이다. 1광년은 빛이 1년 동안 가는 거리.

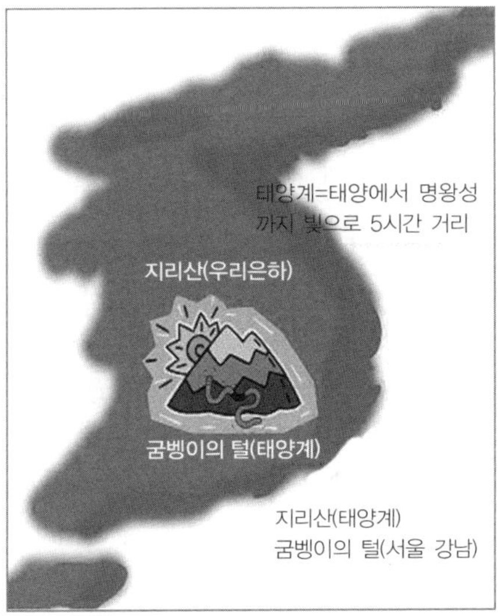

그림 2. 우리 은하와 태양계, 태양계와 서울 강남의 상대 비교. 우리 은하를 지리산으로 비유할 때 태양계는 지리산에 사는 굼벵이의 털 정도 크기가 된다. 태양계를 지리산으로 비유할 때 서울 강남(강남 · 서초 · 송파구)은 지리산에 사는 굼벵이 털 정도의 크기가 된다.

이 은하중심에서 멀리 떨어진 변두리에 위치한다는 것을 알게 되었다. 현재 자세한 관측 결과에 의하면 태양은 우리 은하 중심에서 2만6,000광년이나 멀리 떨어진 변두리에서 우리 은하 중심 주위를 초속 220km의 속도로 공전하고 있다(그림1 과 그림2).

과거 그리스 시대의 지구 중심설이나 코페르니쿠스 이후의 태양 중심설은 인류 중심 사상의 대표적인 것으로 볼 수 있는데 이것은 과학적으로 아무런 타당성이 없고 오히려 이런 사상과 정반대되는 반인류 중심 사상이 진정한 과학의 방향이라고 생각한다. 태양계가 우리 은하의 중심일 것이라고 믿었지만 변두리에 위치한다는 것을 알게 되었고, 우리 은하가 우주에서 유일한 은하라고 생각하였으나 약 1,000억 개의 은하 중에 하나라는 것을 알게 되었다.

천문학은 우리가 우주 내의 아주 평범한 존재라는 것을 알려 주고 있다.

4. 외부 은하 여행

북반구에서 육안으로 볼 수 있는 성운은 오리온 대성운 'M42 메시아성운목록 42번째성운'와 안드로메다 성운 M31이다. 오리온 대성운은 우리 은하에 속해 있는 분자구름 복합체이다. 오리온자리 가운데 있는 세 별 삼태성:오리온의 허리띠 밑으로 세 개의 별 오리온이 찬 칼자루이 있는데, 그중 가운데 별 근처에 있는 오리온 대성운은 육안으로 보면 흰 구름처럼 보인다. 우리 은하에서 제일 가까운 은하는 소마젤란은하, 대마젤란은하, 안드로메다은하다. 먼 거리 때문에 육안으로 볼 때에 성운과 같이 흰 구름처럼 보이므로 이 은하들은 모두 한때 은하가 아닌 성운으로 불렸다.

1900년대 초 천문학의 가장 큰 이슈는 성운들이 우리 은하에 속한 것인지 즉 우리 은하가 우주의 전부인지 혹은 성운들이 우리 은하와 같은 별개의 또 다른 은하들인지 즉 우주에는 수많은 다른 은하들이 있는지였다. 이는 섀플리-커티스 대논쟁이라 불리는데, 에드윈 허블Edwin Hubble, 1889~1953에 의해 성운이 아닌 외부 은하임이 밝혀졌다. 허블은 안드로메다 성운에 속한 세페이드 변광성을 이용해 안드로메다까지의 거리를 추정했는데, 약 90만 광년이라는 결과가 나왔다. 이는 우리 은하의 지름 크기인 10만 광년보다 훨씬 큰 값이었다. 이를 통해 안드로메다 성운이 또 다른 은하임이 증명되었고, 섀플리-커티스 대논쟁도 종결되었다.

에드윈 허블은 은하의 종류를 그 형태에 따라 타원 은하와 나선 은하, 불규칙 은하로 분류하였다. 타원 은하는 별의 재료가 되는 가스를 거의 가지고 있지 않고 별 형성률도 작기 때문에 조기형early type, 나선 은하는 가스를 많이 가지고 있고 현재도 계속해서 별을 만들고 있기 때문에 만기형late type이라고 불린다. 나선팔을 가지는 나선 은하나 타원형의 타원 은하와 달리 특별한 형태를 가지지 않는 불규칙 은하는 가스가 풍부하며 젊은 푸른 별들로 이루어져 있다.

은하들이 왜 이렇게 다양한 저마다의 고유한 형태와 특징을 가지는지, 은하의 형성과 진화에 관해 많은 연구가 이루어지고 있다. 최근에는 은하들의 분포 밀도가 높은 은하단 지역에서는 조기형 타원 은하의 분포가 높다는 점, 그리고 은하 초기에는 은하단 지역의 타원 은하 비율이 현재의 은하단 지역보다 높지 않다는 점으로부터 은하의 진화에 환경이 큰 영향을 미친다는 것을 알 수 있게 되었다. 이러한 은하의 진화와 관련된 시간의 척도time scale는 수십억 년10의9제곱이다. 인간의 수명이 100년 안팎, 현생 인류의 출현이 4~5만 년 정도인 것을 생각하면 영원처럼 느껴질 만한 시간이다.

우주에는 약 1,000억 개의 은하들이 있다. 보통 은하들은 약 1,000억 개의 별로 이루어져 있고, 이런 은하가 우주에 1,000억 개가 있다니 우주의 크기는 우리의 상상을 초월한다. 우리는 이 우주에 존재하는 한 은하에 속한, 한 개의 별인 태양 주위를 도는, 8개의 행성 중 하나인, 지구에 살고 있다.

한글로 '우주'라고 번역되는 영어가 3개 있다. 스페이스space, 유니버스universe, 코스모스cosmos다. 스페이스는 인간이 갈 수 있는 태양계 내의 우주 공간을 말한다. 우주 탐험space exploration, 우주 특파원space reporter, 우주 전쟁space war 등이다.

유니버스는 별, 은하, 우주, 천문학의 대상이 되는 우주를 말한다. 다시 말하면 책의 제목이 유니버스이면 천문학 교과서라고 보면 된다. 코스모스는 유니버스에 인문학적인 사고가 들어간 주관적인 우주다. 종교에서 말하는 우주는 코스모스를 말한다. 다시 말하면 유니버스에 종교의 원리가 더해지면 코스모스라고 말하게 된다.

5. 우주의 나이와 우주의 끝

"하나님이 가라사대 빛이 있으라 하시매 빛이 있었고 그 빛이 하나님이 보시기에 좋았더라.(창세기 1장 3절)"

구약 성서 창세기에 나오는 첫 구절이다. 하나님이 우주를 만드실 때 첫째 날에는 다른 무엇도 아닌 빛을 만들었다. 빛은 현대 물리학에서 너무나 중요한 구성요소이다. 아인슈타인이 상대성 이론을 생각하게 된 결정적인 소재도 바로 빛이다.

그림 3. 아인슈타인의 정적인 우주static universe. 망원경으로 우주를 보면 무한한 시간이 지난 후 빛은 우주 끝을 두 번 왕복한 후 자기 뒷모습을 보게 된다.

알버트 아인슈타인Albert Einstein, 1879~1955은 우주는 움직이지 않는다고 생각했다. 정적인 우주static universe에서는 우리가 우주 끝을 볼 수 있는 성능이 좋은 망원경이 있다면 무한한 시간이 흐른 후 관측자의 뒷머리를 보게 된다는 것이다(그림 3). 하지만 공간의 균질성과 등방성 등의 가정 아래 아인슈타인의 장방정식을 풀면 우주가 팽창한다는 결론을 얻는다. 아인슈타인은 팽창하거나 수축하는 동적인 우주를 받아들일 수가 없었다. 게다가 당시에는 우주 팽창에 관한 아무런 관측적 증거도 없었으므로 그는 팽창하는 우주를 막기 위해 자신의 일대 역작인 아인슈타인 방정식을 약간 수정하였다. 이때 첨가된 항이 바로 그 유명한 '우주 상수'다.

정적인 우주에 결정타를 날린 것은 1932년 미국의 에드윈 허블이었다. 그는 은하들의 적색편이red shift를 관측함으로써 모든 은하들이 서로 멀어지고 있다는 사실을 알아냈다. 그리고 멀어지는 속도는 거리에 비례했다. 허블이 내린 결론은 2배, 3배, 10배로 먼 은하는 2배, 3배, 10배 더 빠른 속도로 후퇴하며, 이는 곧 우주가 팽창하고 있다는 것을 의미한다. 아인슈타인은 "우주상수를 도입한 것은 일생일대의 실수"라는 말과 함께 우주상수 도입을 철회하였고, "천재 과학자 아인슈타인도 실수하는 때도 있구나!" 하는 우스갯소리가 나오게 되었다. 이제 아인슈타인의 우주는 수정을 거쳐 '팽창 우주'로 바뀌게 되었다.

팽창하는 우주는, 영화 필름을 거꾸로 돌리는 것과 같이 과거로 시간을 거슬러 올라갈 경우, 점점 수축하여 어느 시점에는 모든 은하가 한곳으로 모이게 된다. 바로 그 순간을 우리는 '태초'라고 부른다. 우주의 모든 물질이 한 점에 갇혀 있다가 대폭발을 일으켜 팽창우주를 만들었다는 빅뱅 우주론이 우리가 아는 현대 우주론이다.

이로부터 현재 우주의 나이와 크기도 추정되었다. 현재 천문학자들에게 널리 받아들여지고 있는 우주모형은 Lambda-CDM Cold Dark Matter 표준모형이다. 고온고압의 원시 상태에서 시작된 우주가 현재 상태에 이르기까지의 진화를 설명하는 이론인데, 이론적으로 매우 잘 이해되고 있으며 관측 결과들에 의해 뒷받침되고 있다. Lambda-CDM 표준모형과 WMAPWilkinson

Microwave Anisotropy Probe:윌킨슨 극초단파 비등방형 탐사선 관측 결과로부터 우주의 나이를 구할 수 있는데, 초기의 매우 뜨거운 상태에서 팽창과 함께 점차 식어온 우주의 현재 온도를 측정함으로써 빅뱅 당시부터 현재까지 우주가 냉각되는데 걸리는 시간을 측정하는 원리다. 이로부터 얻어진 우주의 나이는 137억 년이다. 우주의 끝은 시공간 팽창으로 인해 현재 우리로부터 3×137억 광년 거리에 있을 거라고 생각된다.

최근에는 우주상수가 암흑 에너지와 관련되어 새롭게 주목받고 있다. 미항공우주국이 2001년 쏘아올린 천문위성 WMAP에 의해 밝혀진 바에 따르면 우주에 존재하는 '우리가 알고 있는 물질matter'은 우주 전체의 약 4%다. '물질'이라고 할 수 있으나 그 정체를 도저히 알 수 없는 물질인 '암흑물질dark matter'은 약 22%를 차지한다. 나머지 74%는 물질과 전혀 다른 에너지인 '암흑에너지dark energy'라고 한다. 암흑에너지는 중력과 정반대인 척력이 작용하는데 우주는 암흑에너지 때문에 급팽창을 하고 있다. 이 암흑에너지가 혹시 아인슈타인이 일생일대의 실수라고 말한 우주상수가 아닌가 하고 과학자들은 생각하고 있다.

6. 지적 생명체를 찾아서

1) 생물이 사는 별

어떠한 별들이 행성계를 가질 가능성이 있을까? 태양은 수성, 금성, 지구, 화성, 목성, 토성, 천왕성, 그리고 해왕성 등 8개의 행성을 가지고 있다. 그리고 그중 하나인 지구에 우리 인류를 비롯한 생명체가 살고 있다. 수많은 별들 중 태양과 같은 행성계를 가진 별이 있다면, 그 행성 중에서 생물이 살고 있고, 또 인류와 같은 지적 생물이 살고 있을 가능성이 있다.

미국 항공우주국NASA이 주도하는 외계 행성 탐색 프로젝트인 케플러 미션Kepler Mission은 이러한 가능성 가운데 생명체가 살 수 있는 행성들을 탐사하고 있다. 2013년 2월 26일 현재, 태양과 비슷한 특성을 가진 677개의 별 주위에 모두 861개의 행성을 발견했다고 한다.

2) 생물이 태어날 조건

행성계가 있다고 해도 반드시 생명체가 살고 있다고 말할 수 없다. 우리 태양계를 보면 알 수 있듯 지구를 제외한 다른 행성에서 생명체의 존재를 알 수 있는 근거는 없다. 생명체가 태어나고 또 계속 생존하기 위한 필요조건은 다음과 같다.

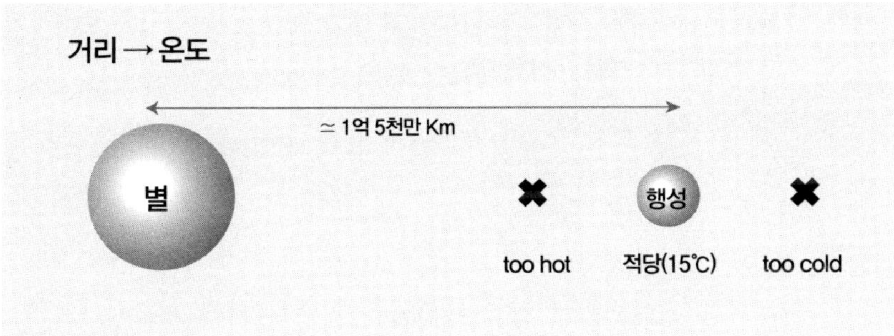

그림 4. 별에서 약 1억5,000만km 거리에 행성이 별 주위를 돌고 있다면 섭씨 15℃를 유지할 수 있다.

첫째, 행성이 태양과 같은 별보다 가까이 있거나, 또는 너무 멀리 떨어져서 공전하고 있으면 안 된다. 금성처럼 가까이에서 공전하면 행성의 표면 온도가 너무 높아 생명체가 살 수 없고, 목성처럼 멀리 떨어져서 공전하면 표면 온도가 너무 낮아 생명체가 살수 없다. 행성의 표면 온도가 생명체의 발생이나 서식하기 좋은 영상 섭씨 15℃를 유지해야 한다. 다시 말하면 지구처럼 약 1억5,000만km 떨어져서 태양과 같은 별 주위를 돌고 있어야 한다는 말이다(그림 4).

둘째, 행성의 질량이 적당한 크기여야 한다. 목성처럼 행성의 질량이 너무 크면 그 대기 속에는 가장 가벼운 원자인 수소와 헬륨이 많이 잡혀 있게 되어 생명체의 진화에 방해가 된다. 반대로 달처럼 너무 적으면 중력이 약해 대기 중의 모든 원자나 분자들이 외계로 빠져 나가 대기가 없어진다. 지구 정도의 크기여야 산소 같은 무거운 분자들이 잡혀 있게 된다.

셋째, 행성에 고등생물이 서식하기 위해서 그 태양이 될 별은 수십억 년 동안 빛을 내는 늙은 별이어야 한다. 고등생물로 진화하기 위해서는 오랜 시간이 필요하기 때문이다. 다시 말하면 G형의 노란색별이나 K형의 빨강색별처럼 늙은 별이어야 한다.

넷째, 태양과 같은 별은 수십억 년 동안 밝기가 변해서는 안 된다. 밝기가 변하면 행성은 영상 섭씨 15℃를 일정하게 유지하지 못한다. 그러므로 태양과 같은 별은 변광성이면 안 된다.

다섯째, 태양과 같은 별은 쌍성처럼 두 개의 별로 이루어지면 안된다. 별이 2개가 되면 행성은 원형 궤도로 돌지 못하고 심하게 어긋난 궤도로 돌게 되어 행성 표면온도의 큰 변화를 일으켜 생명체의 발생이 어렵게 된다.

지난 5월 NASA는 Kepler Mission으로부터 첫 번째 생명체가 살 수 있는 행성을 발견했다고 발표했다. Kepler-22b라는 이 행성은 위 다섯 개의 조건을 충족하는 것으로 알려졌다. 태양과 비슷한 별로부터 적절한 거리에 위치해 있으며 지구 크기의 약 2.4배인 것으로 알려졌다. Kepler-22b의 주된 구성 성분이 암석인지, 기체인지, 혹은 액체인지 알 수 없지만, 지구와 비슷한 행성으로 밝혀지고 있다.

하지만 위의 5개 조건은 생물이 발생하고 진화하기 위해 필요한 영상 섭씨

15℃를 얻기 위한 기본적인 조건일 뿐이다. 인류와 같은 고등 생명체가 존재하기 위해서는 더 어려운 조건인 '자기복제'와 '다윈의 진화' 등이 필요하다고 생각되고 있다.

3) ET는 존재하는가?

지금까지 살펴본 바에 의하면 우주는 넓다. 이 넓은 우주 어딘가에 외계 생명체Extra-Terrestrial가 존재하고 있지 않을까?

'접촉Contact'은 미국의 천문학자 칼 세이건Carl Edward Sagan, 1934~1996이 남긴 SF 제목이고 영화로도 만들어졌다. 영화 '접촉'의 마지막 장면에서 "만일 이 광활한 우주에 우리 인간만 존재한다면 그것은 엄청난 공간의 낭비"라는 말이 나온다. 이것은 우주에 외계 생명체가 존재할 것이라고 믿는 천문학자들의 보편적인 생각을 잘 나타내고 있다. 문제는 어떻게 우리가 ET와 '접촉Contact'할 수 있겠느냐 하는 점이다.

태양계 밖의 다른 별들도 행성을 가지고 있는지 확인해 보는 것이 ET 탐색의 시작이다. 만일 매우 진보된 문명을 가진 ET가 존재한다면 그들도 우리처럼 다른 ET를 탐색하려고 ET와의 교신을 시도하고 있을지도 모른다. SETISearch for Extra-Terrestial Intelligence:외계생명체 문명 탐색는 미국령 푸에르토리코PuertoRico에 있는 거대한 지름 305m 전파망원경 등을 이용하여 계속 탐색 연구를 진행하고 있다.

ET의 존재 유무와 UFOUnidentified Flying Object:미확인비행물체를 혼동해서는 안 되는데, 자연에는 우리들이 아직 모르는 천문학적, 기상학적인 현상이 많이 일어나고 있으며, 그러한 현상을 UFO로 착각하는 경우가 많이 있기 때문이다.

문명이 발달한 ET가 있다고 해서 우리가 쉽게 교신할 수 있는 것은 아니다. 외계인들이 전파를 우주공간에 쏘아 보낼 수 있는 능력 있는 문명을 유지하는 시간은 그렇게 길지 않다고 본다. 우리 인류의 역사가 1만 년을 넘지 않고 현대 문명도 100년을 넘지 않기 때문이다. 그리고 거리도 빛으로 몇백 년 혹은 몇만 년 이상 걸리는 정도의 먼 곳에 위치하기 때문에 비록 교신이 되었다고 해도 몇백 년 혹은 몇만 년 이상이 지난 후이기 때문에 현재까지 그곳에 외계인 살고 있을지 알 수 없다. 우리보다 훨씬 뛰어난 문명을 소유한 ET가 있을지 모르지만 아직은 SF 소재라고 볼 수밖에 없다.

7. 천문학자가 보는 하늘나라 : 천국이란?

137억 년 전 작은 점으로부터 물질과 에너지가 폭발했다. 뜨거운 우주는 팽창하면서 점점 차가워지고, 중력 수축을 통해 별과 은하, 거대구조가 생겨났다. 수소 원자로 이루어진 별의 내부에서는 핵융합 반응을 통해 헬륨, 탄소, 철 등 더 무거운 원소들이 만들어지고, 수명을 다한 별 중 일정 질량의 별들은 폭발을 통해 내부에서 만든 무거운 원소들을 우주 공간으로 분출한다. 수억, 수십억 년 동안 은하 내부에서는 별이 만들어지고 별의 일생 동안 무거운 원소들이 만들어지고, 폭발과 함께 다시 우주로 분출되는 과정이 반복되었다. 산소, 탄소, 수소, 질소가 우리 몸의 96%를 이루는데, 이는 모두 별들의 일생을 통해 생성된 것들이다. 빅뱅 이후 인류가 출현하기까지 백억 년이 넘는 시간 동안 온 우주와 별들은 인류를 맞이하기 위한 준비를 하고 있었던 것은 아닐까.

태양은 우리 은하의 중심이 아니라 나선팔의 3분의 2 지점에 있다. 다른 별들과 마찬가지로 태양은 우리 은하 중심을 공전하는데, 나선팔과의 속도 차이로 인해 나선팔을 지나기도 하고, 나선팔 사이를 지나기도 한다. 그리고 나선팔을 지날 때에는 초신성 폭발 등의 결과로 인한 우주선cosmic ray의 증가로 지구 기후가 큰 영향을 받아왔다. 지질학적으로 밝혀진 과거 빙하기의 큰 주기가 우리 은하에서 태양의 위치, 즉 나선팔을 지날 때와 나선팔 사이를 지날 때의 주기와 연관이 있음이 밝혀졌다. 그러니 태양이 우리 은하의 중심, 혹 우주의 중심이 아니라고 실망하지 말자. 지금 우리는 우리 은하 중심으로부터 멀리 떨어져 있기 때문에 따뜻한 간빙기에 살 수 있는 것이다.

태양으로부터 세 번째 거리에 있는 행성, 지구. 지구보다 가까운 거리에 있는 행성들은 태양의 열기로 물이 모두 증발했다. 지구보다 먼 거리에 있는 행성들은 태양빛이 너무 약해서 차갑게 얼어붙어 버렸다. 지구는 풍부한 물을 간직하고, 비활성 기체인 질소가 거의 80%를 이루는 대기에 의해 우주에서 날아오는 각종 유해한 우주선cosmic ray으로부터 보호받는다. 공전 축과 약 23.5° 기울어진 지구의 자전축은 사계절과 온화하고 안정된 기후를 선물한다. 적당한 거리, 적당한 크기의 위성인 달로 인한 조석력은 바닷물을 순환시키고, 이는 지구를 훨씬 건강한 생태계가 되게 한다.

지구 생명체는 '자기복제' 와 '다윈의 진화' 에서 나왔다고 말할 수 있다. 현대 과학은 자기복제 분자의 우연한 출현에서 지구 생명체의 기원을 찾고 있다. 약 38억 년 전 우연하게 유기물의 농축액에서 분자들 사이에 무작위 충돌이 벌어졌고 이로 인해 자기복제 기능을 가진 유기분자가 생겨나 무생물에 생명의 숨을 불어 넣어 준 셈이다. 그리고 다윈의 진화에 의해 우연의 소산인 돌연변이와 필연의 귀결인 자연 선택의 결과로 인간이 탄생하게 되었을 것이다.

비가 온 후 대기에 수증기가 많아지면 빨 · 주 · 노 · 초 · 파 · 남 · 보 일곱 빛깔의 무지개를 볼 수 있다. 우리 눈의 수정체와 각막 사이에도 물로 가득 차 있는데, 물은 가시광선만을 그대로 통과시키고, 그보다 파장이 짧은 자외선이나 파장이 긴 적외선 등은 모두 차단한다. 그래서 우리 인간은, 자외선이나 적외선으로 사물을 감지하는 SF 영화 속의 외계인과 달리, 오색찬란한 무지갯빛으로 세상을 감지한다. 파란 하늘과 초록빛 숲과 검붉은 대지, 밤하늘을 수놓는 쏟아질 듯한 별들을 본다. 밤하늘의 별들은 저마다 다른 거리에 있기 때문에 지금 우리가 보는 별빛들은 각기 다른 시기에 출발한 빛들이다. 어떤 별은 10년, 어떤 별은 100년, 어떤 별이나 우주는 1억 년 전의 모습이다. 아주 잠깐 지구 위에 살다 사라지는 우리 인간이지만 지금 우리는 영원의 우주를 누리고 있는 것이다.

앞서 설명한 우주의 모습, 그 광활함과 오랜 역사, 그 가운데 홀로 푸른빛을 띠며 살아 숨 쉬고 있는 지구를 안다면, 신을 믿는 사람이든 믿지 않는 사람이든, 그 오묘함에 무릎 꿇을 수밖에 없을 것이다. 알면 알수록 우리 자신이 우주 속에서 얼마나 보잘 것 없는 존재인지, 스스로 낮아지고 작아질 수밖에 없을 것이다. 그러나 또한 온 우주가 바로 우리를 위해 존재해 왔고 지금도 존재하고 있음에 감탄하게 될 것이다. 그 가운데 내가 지금 살아 있음을, 숨 쉬고 있음을, 하늘의 별을 볼 수 있음을 감사하고 기뻐하며 나의 순간을 살아갈 것이다. 그 순간, 바로 그 순간이 우리가 그렇게도 찾아 마지않는 천국이다.

1961년 4월 12일 유리 알렉세예비치 가가린Yuri Alexeyević Gagarin, 1934~1968은 인류 최초로 지구 궤도를 도는 우주 비행을 하였다.

우주인 가가린은 지구를 보고 "지구는 푸르다"고 하였다. 과연 이런 푸른 행성이 어디에 또 존재할 수 있을까? 인간은 굉장히 좁은 온도 영역에서만 존재할 수 있다. 따라서 조금만 뜨겁거나 추워도 인간은 존재하지 않을 것이다. 그러면 우주에 지구와 같은 천국이 얼마나 존재할 것인가?

어쩌면 우리는 현재 이 광활한 우주에서 푸른 바다와 숲, 그리고 풍요한 자연을 누리고 살고 있는 유일한 존재일지도 모른다. 우리의 푸른 별, 지구는 우리에게 얼마나 고마운 존재인가? 우리는 'the lonely planET' 지구를 아끼고 사랑하여야 할 것이다. 천국은 바로 지금, 여기에 있다.

추천 도서

- 칼 세이건 지음, 현정준 옮김, 《창백한 푸른 점》, 사이언스 북스, 2001.
- 칼 세이건 지음, 홍승수 옮김, 《코스모스》, 사이언스 북스, 2010.
- 세스 쇼스탁 · 알렉스 버넷 지음, 이명현 옮김, 《우주 생명 이야기》, 다우, 2005.
- 에르빈 슈뢰딩거 지음, 서인석 · 황상익 옮김, 《생명이란 무엇인가》, 한울, 2011.
- 이강영 지음, 《LHC 현대 물리학의 최전선》, 사이언스 북스, 2011.
- 이석영 지음, 《빅뱅 우주론 강의》, 사이언스 북스, 2009.
- 일본 뉴턴프레스 지음, 강금희 옮김,《NEWTON HIGHLIGHT 달세계 여행》, 뉴턴코리아, 2010.
- 최변각 지음, 《하늘에서 떨어진 돌 운석》, 서울대학교출판부, 2008.
- 마이클 질릭 · 스테판 A. 그레고리 지음, 강혜성 · 윤홍식 · 이상각 옮김, 《천문학 및 천체물리학(4판)》, Cengage Learning, 2010.
- 브래들리 W. 캐럴 지음, 강영운 · 김용기 · 이희원 옮김, 《현대천체물리학 PART 1: 천문학 입문과 태양계(2판)》, 청범출판사, 2009.
- 브래들리 W. 캐럴 지음, 강영운 · 김용기 · 이희원 옮김, 《현대천체물리학 PART 2: 항성 천문학(2판)》, 청범출판사, 2009.

스님이 보는 극락세계[1)]

정토삼부경을 중심으로

보 광(한태식) 스님
동국대 불교학부 교수

1. 서론

인간이 추구하는 이상적인 세계는 여러 가지 형태로 나타나고 있다. 각 종교에서는 내세관을 중심으로 영원한 이상적인 세계에 대해서 설명하고 있다. 초기불교에서는 인도고대의 우주관을 수용하여 수미산을 중심으로 하는 세계관에 대한 천상天上을 설명하고 있다. 그러나 대승불교에서는 해탈을 성취하기 위한 곳으로 윤회를 벗어나지 못하는 천상보다 더 수승한[2] 정토세계에 대하여 설명하고 있다. 이 글은 불교의 극락정토에 대해 경전을 중심으로 살펴보고자 한다. 먼저 일반독자의 이해를 돕기 위해 소승불교의 우주관인 수미산을 중심으로 한 천상에 대한 이야기와 대승불교에서 말하는 정토의 개념 정리를 하고자 한다.

다음으로 경전에 나타난 극락세계의 장엄에 대해 살펴보면서 그 건립과정과 극락정토의 아름다운 장엄에 관해서 언급하고자 한다. 그리고 극락세계의 주불인 아미타불의 능력과 존재에 대해서 살펴보고, 더 나아가서 타방정토인

---

1) 본 글은 필자가 ('서방정토 극락세계의 존재에 관한 연구', 《정토학연구》 14집, 한국정토학회 2010. 12, 47~100쪽)에서 발표한 것을 토대로 하여 재구성하였음을 밝혀두고, 또한 위의 논문 인용에 있어서 번거로움을 피하기 위해 단락마다의 인용주석을 생략하고자 한다. 본래의 논문은 불교학술적인 글로서 경전상의 원문인용이나 자세한 주석을 붙였지만, 일반독자들에게는 맞지 않는 것 같아서 쉬운 말로 풀이하였고, 자세한 주석도 생략하였다. 그리고 독자들의 이해를 돕기 위해 많은 설명을 추가하였다. 따라서 더 심도 있는 자료를 필요로 하는 분은 위의 논문을 참고하기 바란다.

2) 殊勝: 세상에 흔하지 않을 만큼 아주 뛰어나다는 뜻.

극락세계의 존재에 대해서 논하고자 한다.

그런데 불교에서는 이와 같이 극락세계에 대해 거리, 방향, 환경, 생활상태, 대중 등에 대해서 자세하고 분명하게 설명하고 있다. 그렇지만 오히려 불교인들 중에는 경전에서 설명하는 극락세계의 존재에 대해서 믿지 않고, 자의적으로 해석하여 내 마음이 극락이라고만 해석하는 경우가 종종 있음을 볼 수 있다. 참으로 안타까운 일이 아닐 수 없다.

2. 불교의 우주관

부처님의 깨달음을 '견명성오도見明星悟道' 라고 한다. 즉 새벽에 동이 틀 무렵 샛별을 보고 깨달음을 얻었다고 한다. 여기서 깨달음이란 "이것이 있으므로 저것이 있고, 저것이 있으므로 이것이 있다. 이것이 없으면, 저것도 없고, 저것이 없으면, 이것도 없다"라고 하는 연기법緣起法의 원리를 깨달았다고 한다. 이 진리를 깨달은 계기는 바로 그때 샛별을 본 순간이었다. 이것은 분명히 붓다가 우주의 이법理法을 바르게 터득했음을 뜻하는 것이다.[3] 한편으로 생각해보면, 부처님의 가르침은 별과 같이 우주에 대한 관심이 많다는 이야기가 될 수도 있고, 또한 우주에 대한 가르침이 다양하다고도 볼 수 있다.

3) 이시우, '천문학에서 본 불교우주관', 《정토학연구》 14집, 한국정토학회, 2010. 12, 161쪽.

불교 우주관에 대해서는 《장아함경長阿含經》[4] 《기세경起世經》[5] 《기세인본경起世因本經》[6] 등 여러 경전에 자세히 언급되고 있다. 불교에서 말하는 우주의 중심에는 수미산須彌山이 있다. 이는 고대인도의 우주관이기도 하지만, 부처님께서는 이를 수용해 항상 인용하였다. 수미산은 세계의 중심에 높이 솟은 거대한 산으로 큰 바다 속에 있고, 금륜金輪 또는 지륜地輪이 위에 있으며, 구산팔해九山八海가 둘러싸고 있다. 그 주위를 해와 달이 돌고, 천상은 위에 있고, 인간이 사는 곳은 아래쪽에 있다고 한다.

불교에서는 인간에 관한 것만을 중요하게 여기지 않고, 우주나 천체를 중요하게 여기는 이야기도 많다. 이를 불교의 우주관 혹은 세계관이라고도 한다. 불교적인 용어로는 세간世間이라고 하는데 여기에는 유정세간有情世間과 기세간器世間으로 구분한다.

먼저 유정세간이란 유정有情, 즉 마음을 소유하는 생명체로서 업業을 짓고 그 업력의 과보를 받는 존재들을 말한다. 이들은 육체와 정신을 가지고 생존하는 존재로서 지옥, 아귀, 축생, 아수라, 인간, 천상의 여섯 종류로 구분하여 육취六趣라고 하며, 이들은 업業에 의해 윤회輪廻하므로 육도윤회六道輪廻라고도 한다. 그리고 태어나는 방법에 따라 사생四生 즉 태생胎生, 난생卵生, 습생濕生, 화생火生으로 나누어진다. 또한 여기에 사는 존재를 중생衆生이라고 하고, 이를 정보正報의 세계라고도 하며, 이를 삼계사생육도윤회중생三界四生六道輪廻衆生

4) 불타야사 · 축불념 옮김, 《장아함경》 권18 (대정장1, 114, b)
5) 사나굴다 옮김, 《기세경》 (대정장1, 310)
6) 달마급다 옮김, 《기세인본경》 (대정장1, 365)

이라고 한다.

다음으로 기세간이란 유정이 거주하여 생활하기 위해 의지하는 곳을 말하며, 이를 의보依報라고도 한다. 즉 유정의 생활무대로서 산하대지와 환경, 의복, 음식 등의 소유물을 말하는데 이는 욕계欲界, 색계色界, 무색계無色界의 삼계三界로 분류한다.

(1) 욕계欲界는 욕망에 사로잡혀 탐욕과 화냄과 어리석음이 강한 세계로서 지옥, 아귀, 축생, 아수라, 인간, 천상이 여기에 해당한다.

1) 천상天上의 ①사왕천四王天은 사대천왕이 사는 곳으로 동방의 지국천왕, 남방의 증장천왕, 서방의 광목천왕, 북방의 다문천왕이 수호하며, 이들은 사원의 입구에 모셔져 사천왕이라고 한다. ②도리천忉利天은 제석천왕이 사는 중앙의 선견성과 사방에 각각 8성이 있어 32성이 있으며 이를 합하여 33천이라고 한다. 부처님께서는 성도 이후에 어머니인 마야부인을 위하여 이곳에서 49일간 설법을 하였다고 하며, 사원에서 저녁에 범종을 33번 치는데 이는 도리천의 중생을 위해 울리는 것을 의미한다. ③야마천夜摩天, ④도솔천兜率天은 내원궁과 외원궁이 있는데 내원궁에는 미륵보살이 계시고, 석가모니불도 사바세계에 오시기 전에 이곳에서 호명보살로 있었다고 한다. ⑤화락천化樂天, ⑥타화자재천他化自在天이 있다.

2) 인간계人間界는 수미산의 아래쪽에 있으며, 사방으로 나누어 있다. ①남섬부주南閻浮州 ②동승신주東勝身洲 ③서우화주西牛貨洲 ④북구로주北俱盧洲로 되어 있는데, 우리가 사는 지구는 남섬부주라고 한다. 이보다 아래는 지옥이다.

아수라와 축생, 아귀의 세계도 있다.

⑵ 색계色界는 모든 탐욕을 여의었으나, 아직 완전히 정신적인 것은 되지 못한 중간의 세계로 욕계의 상층에 있으며, 욕계보다 수승한 물질로 구성되어 있다. ①초선천初禪天에는 범중천, 범보천, 대범천이 있고, ②이선천二禪天에는 소광천, 무량광천, 극광정천이 있으며, ③삼선천三禪天에도 소정천, 무량정천, 변정천이 있고, ④사선천四禪天에는 무운천, 복생천, 광과천, 무상천, 무번천, 무열천, 선현천, 선견천, 색구경천이 있어 크게는 색계사천이라 하며 이를 세분하여 색계 십팔천十八天이라고 하기도 한다.

⑶ 무색계無色界는 완전히 정신적인 세계로 삼계 중 가장 수승한 곳이다. ①공무변처천空無邊處天 ②식무변처천識無邊處天 ③무소유처천無所有處天 ④비상비비상처천非想非非想處天의 사천四天이 있어서 모두 합하면 28천이 된다. 따라서 사원에서 새벽에 범종을 28번 치는 것은 28천의 천상에 울려 퍼지기를 바라는 뜻이다.

이와 같이 한 개의 수미산을 중심으로 이루어진 세계를 일수미세계一須彌世界라고 하며, 이러한 세계를 천 개 합한 것을 소천세계小千世界라고 하고, 소천세계가 천 개 합해진 것을 중천세계中千世界라고 하며, 중천세계가 천 개 모인 것을 대천세계大千世界라고 하여 삼천대천세계三千大天世界라고 한다. 이를 천문학에서는 소천세계는 은하단, 중천세계는 초은하단, 대천세계는 초초은하단에 해당된다고도 한다.[7] 또한 이러한 삼천대천세계가 무수히 있다고 하여 시방미진세계 혹은 시방항하사수미진세계라고도 한다. 그러나 이러한 세계관은 소승불교의 우주관이고, 대승불교에서는 깨닫지 못한 범부중생들의 세계를 차안此岸의 세계 혹은 사바세계라고 하고, 깨달음의 세계를 피안彼岸의 세계 혹은 정토淨土라고 한다.[8)]

따라서 소승불교와 대승불교의 우주관에서 가장 큰 차이점은 소승불교는 설사 선행을 하고 복을 많이 지어서 천상에 태어난다고 할지라도 깨달음에 이르지 못하므로 복이 다하면 다시 윤회하는 복진타락福盡墮落의 과보를 받는다. 즉 천상에 태어나는 생천生天으로는 윤회를 벗어나 깨달음을 얻는 성불成佛이 불가능하다고 한다. 그러나 대승불교의 정토에 태어나는 왕생往生은 윤회를 벗어나 반드시 성불成佛이 보장되는 곳이다.

3. 정토淨土의 개념

대승불교에서 말하는 이상적인 세계는 두말할 것도 없이 깨달음의 세계이다. 이를 열반의 세계, 피안의 세계, 불국토, 부처님의 세계라고도 한다. 정토의 세계가 깨달음이 성취된 곳이라고 한다면 대승불교에서는 무수한 부처님을 탄생시키고 있다. 즉 다불다보살多佛多菩薩의 세계를 말한다. 이를 제불정토

---

7) 이시우, 《붓다의 세계와 불교 우주관》, 민족사, 2010, 219쪽.
8) 김동화, 《불교학개론》, 보련각, 1984, 126~130쪽.

諸佛淨土 혹은 제불국토諸佛國土라고도 한다. 이와 같이 다양하게 사용되고 있는 정토淨土의 의미에 대해서 언급하고자 한다.

먼저 정토淨土란 무엇인가? 언어학적으로 분석할 경우 두 가지로 해석하고 있다. 첫째는 정淨을 동사와 형용사로 나누어 해석할 경우다. 둘째는 토土에 대한 해석이다. 국토, 예토, 불토 등 경계를 의미하며, 부처님이나 중생이 사는 세계를 말한다. 이 가운데서 부처님이 계시는 곳을 불토佛土, 불국토佛國土, 불계佛界, 불찰佛刹이라고 하며, 중생이 사는 세계를 예토穢土, 사바세계라고 한다.

그런데 부처님의 세계에도 두 가지의 의미가 있는데, 깨달음을 얻은 부처님이 머무시는 세계, 즉 청정한 세계와 미迷한 중생들이 사는 세계에 중생을 제도하기 위하여 출현하신 세계, 즉 오염된 예토일지라도 부처님이 계시는 세계를 불토佛土라고 한다. 그러므로 서방정토 극락세계와 같이 청정한 세계든, 사바세계와 같이 오염된 세계든, 2600년 전에 부처님이 출현하셨던 당시의 세계를 불토佛土라고 할 수 있다. 여하튼 간에 부처님이 계시는 세계를 정토라고 한다.

다음으로 정淨를 동사로 보느냐 형용사로 해석하느냐에 따라서 달라진다. 먼저 정淨을 동사로 해석할 경우에는 '국토를 깨끗이 한다', '국토를 청정하게 한다' 라고 하므로 현재와 미래의 뜻이 포함되어 있다. 즉 불국토를 만들기 위해 노력하는 과정이다. 그러므로 사바세계를 정토화淨土化하자는 표어에 맞는 이야기다. 흔히들 불교의 목적이 이상세계의 건설이라고 하는데, 이를 두고 하는 말이다. 현재 우리들의 노력에 의해 오염된 국토를 정화하고 청정하게 하자는 것이다. 선가禪家에서 말하는 이상세계의 구현이나, 불국토의 건설을 의미한다. 유심정토 자성미타唯心淨土 自性彌陀를 주장하는 유심정토唯心淨土의 세계도 여기에 속한다고 할 수 있다. 우리들의 노력에 의해 새로운 이상세계를 건설하자는 것이다.

다음으로는 정淨을 형용사로 해석하는 경우이다. 이는 '깨끗한 국토', '청정해진 국토'를 뜻한다. 그러므로 시간적으로는 과거형에 속한다. 이미 청정하게 건설된 국토를 말하며, 이는 대승보살이 오랜 겁 전에 수행하여 그 결과로 성불하였으며, 그 원력으로 이미 중생을 위하여 건설하여 놓은 이상세계를 의미한다. 즉 대승보살의 수행의 과보로 만들어진 세계를 정토라고 한다. 여기는 불보살이 머무는 세계이므로 사바세계와 같이 오염된 오탁악세五濁惡世가 아니고, 더없이 깨끗한 세계다. 극락세계와 같이 타방정토他方淨土를 의미하고 있다.[9]

그 외에도 제불의 정토와 현세의 영험정토 및 유심정토도 있다. 제불정토諸佛淨土란 시방삼세 부처님의 국토가 각각 있는데, 약사여래의 동방만월 유리광세계, 미륵보살의 도솔정토, 아촉불의 묘희세계 등 무수한 불국정토를 설하고 있다. 유마경維摩經 불국토품[10]에 의하면, 위에서 말한 유심정토란 '보살의 마음이 청정하면 국토가 청정하므로 심청정心淸淨이 국토청정國土淸淨'이라는 것이다. 영험정토란 사바세계에 불보살이 상주하는 곳이 있다는 것이다.

---

9) 쓰보이 준에이 지음, 한보광 옮김, 《정토교개론》, 여래장, 2000, 20쪽.
10) 《유마경》(대정장14, 538)

즉 관세음보살은 보타산補陀山에 상주하며, 지장보살은 구화산九華山에, 보현보살은 아미산峨眉山에, 문수보살은 오대산五臺山에 상주해 계셔서 상주설법하고 있다고 한다. 그러므로 여기서 기도를 하면 보살들을 친견할 수 있으며, 때때로 현신을 나투신다고 한다.[11] 그러면 여기서는 불교의 이상적인 세계 가운데 대표적인 아미타불의 서방정토 극락세계에 대하여 살펴보고자 한다.

4. 경전상의 극락세계의 아름다운 장엄[12]

1) 극락세계 건립 과정

불교 유토피아의 대표적인 세계는 서방정토 극락세계西方淨土 極樂世界다. 이곳의 주불은 아미타불阿彌陀佛이다. 이에 대해서는 여러 경전이나 논서에서 설명하고 있지만, 대표적인 것은 정토삼부경淨土三部經이라고 하여 《무량수경無量壽經》과 《관무량수경觀無量壽經》 《아미타경阿彌陀經》이 중심이며, 여기에 한 가지 경전을 더하여 《반주삼매경般舟三昧經》에서도 주로 설명하고 있다.

서방정토 극락세계의 환경적인 요소인 기세간의 의보장엄依報莊嚴부터 먼저 논하고자 한다. 여기서 장엄莊嚴이란 아름다운 존재를 의미한다. 존재가 없

---

11) 한보광 '아미타불 신앙이란 무엇인가' 《불교와 문화》35호 (불교진흥원, 2000.7.1) 110-120쪽.
12) 한태식(보광) '서방정토 극락세계의 존재에 관한 연구' 《정토학연구》 14집 (한국정토학회, 2010, 12) 47-100쪽.

이는 장엄이 이루어질 수 없기 때문이다. 그래서 정토학에서는 존재라는 말보다 장엄이라는 단어를 더 많이 쓴다. 이것은 장엄이라고 할 때 이미 존재의 의미를 내포하고 있기 때문이다. 또한 단순히 존재하는 것만이 아닌 아름답게 꾸며져 있음을 의미한다. 그래서 극락정토를 장엄의 세계라고 한다. 이 장엄이란 인연과보因緣果報, 인과응보因果應報에 의해 이루어진 세계다. 즉 노력 없이 장엄이 이루어질 수 없다. 보살의 수행 노력으로 이루어진 세계다. 그 세계를 아름답게 꾸민 것이다. 즉 이상세계로 만든 것이다.

서방정토 극락세계가 이룩되게 된 인연에 대하여 《무량수경》[13]에서는 이렇게 설명한다. 아미타불의 전신은 국왕이었다. 국왕이 세자재왕여래世自在王如來의 법문을 듣고 출가하기를 발원하여 임금의 자리를 버리고 출가사문이 되었다. 그러면 그는 왜 출가하였을까? 그 출가 동기에 대해서는 자세한 설명이 없지만, 몇 곳의 경문經文에서 살펴볼 수 있다. "그는 기쁜 마음으로 바르고 참된 무상보리심無上菩提心을 발하여"라고 돼 있다. 즉 기쁜 마음으로 무상보리심을 내어서 출가하였다고 한다. 물론 출가는 무상보리심을 내어서 깨달음을 목적으로 삼아야 한다. 그런데 깨달음을 성취하기 위해 구태여 왕위까지 버리고 출가해야만 가능한 것인가라고 질문할 수 있을 것이다. 그의 찬불게讚佛偈에서 출가의 목적이 구체적으로 표현되고 있으나 번거로움을 피하기 위해 생략코자 한다.

법장비구의 전신은 국왕이었다. 그는 단순히 깨달음만을 목표로 해 출가

13) 한보광 옮김, 《무량수경》, 여래장, 2000, 32쪽. 강승개 옮김, 《무량수경》 권상 (대정장 12, 267a).

한 것이 아니다. 자신의 깨달음과 동시에 새로운 이상국토를 건설하겠다는 원력을 가지고 출가한 것이다. 세간에서 국왕의 목표는 이상적인 국토의 건설일 것이다. 가장 아름답고 장엄하며 안락한 세계의 건설, 모든 국민들이 편안하고 행복하게 사는 세상, 그러면서도 진리를 실천하고 진리만을 말할 수 있는 국민들이 모인 초일류국가의 건설일 것이다.

그는 왜 국왕의 자리를 버리고 출가하여 이러한 발원을 한 것일까? 아마도 그가 바라던 이상국토의 건설은 사바세계에서는 불가능하였기 때문이 아니었을까? 중생의 세계에서는 번뇌와 고통에서 헤어날 수 없으며, 모든 것이 한정되어 있기 때문에 불가능하며, 영원한 안락의 세계, 행복의 세계는 진리에서만 가능하였기 때문이 아니었을까? 그는 이상적인 세계의 건설은 사바세계의 세간적으로는 불가능함을 느꼈으며, 한계에 봉착했기 때문에 국왕의 자리를 버리고 출가한 것이 아니었을까? 만약 그가 세간적인 정치로서 이룩할 수 있었다고 했다면, 굳이 출가하지 않았을 수도 있었을 것이다. 그렇지만 세간적으로나 정치적으로나 이상세계의 건설이 불가능함을 깨달았기 때문에 출가를 결심한 것일 수 있다. 이상세계는 정치로서는 불가능하지만, 진리의 세계에서는 가능함을 깨닫고 출가하여 극락국토의 건설을 발원한 것인지도 모른다. 따라서 그의 출가 동기는 지도자만 훌륭해서는 이룩될 수 없으며, 함께 사는 모든 국민이 훌륭했을 때 가능하다는 판단에 따른 것이다. 따라서 지도자인 법장비구法藏比丘 혼자만의 깨달음이 아니라 국민인 모든 중생을 제도하여 깨달음을 얻은 불보살이나 성중들과 함께 사는 이상세계의 건설에 목적이 있었을 것이다. 그는 출가와 함께 극락세계를 발원하였고, 그 장엄을 기획하였을 것이다. 이것이 아마도 국왕이 출가해 법장비구가 된 동기일 것이다.

그는 출가한 이후에 자신이 깨달음을 얻고자 발원하였으며, 부처님이 설하는 가르침을 듣고 수행하여 불국토를 이룩하고 한량없이 청정미묘하게 그 국토를 장엄하겠다고 발원하였다.[14] 여기서 그의 출가와 수행 깨달음의 목적은 청정미묘한 불국토 건설에 있음을 밝히고 있다. 그는 세자재왕불로부터 정토를 이룩하는 수행법인 정토지행淨土之行을 자세히 듣고 구체적인 발원을 하였다.

그의 발원에 의해 세자재왕불은 제불정토를 보여주시면서 극락정토를 설계하도록 하였다.

> 세자재왕 부처님은 곧 법장비구를 위하여 이백십 억의 여러 불국토와 천인의 선과 악 및 각 국토의 거칠고 미묘함에 대하여 널리 설하시고, 법장비구의 소원대로 이를 낱낱이 나투어 보여주셨느니라.[15]

라고 한다.

세자재왕불은 법장비구의 크나큰 발원을 듣고 그를 위해 210억의 제불정토와 그 나라 대중들의 생활상을 자세히 보여주었다고 한다. 그 나라들의 모습을 있는 그대로 보여 주므로 새로운 국토의 건설에 도움이 되게 하였다. 여

---

14) 한보광 옮김, 《무량수경》, 여래장, 2000, 38쪽.
15) 상동, 40쪽.

기서는 그 나라 대중의 선과 악 및 거칠고 미묘함까지 보여주었다고 한다. 그러므로 스스로 극락국의 건설에 참고가 되게 하였다.

그리고 난 후에 스스로 둘러보고 새로운 이상세계의 건설을 하기 위한 준비에 들어갔다.

> 이때에 법장비구는 부처님이 말씀하신 바를 듣고, 장엄하고 청정한 국토를 모두 둘러보고 나서 위없이 수승하고 가장 뛰어난 원을 세웠느니라. 그때 그의 마음은 맑고 고요할 뿐만 아니라 뜻은 집착하는 바가 없었으니志無所着 일체 세간의 어느 누구도 여기에는 미치지 못하였느니라. 그런 후 완전히 5겁 동안 사유하였으며具足五劫思惟, 불국토를 건설하고 장엄하기 위한 청정한 수행법淸淨之行을 받아들였느니라.
>
> 아난이 부처님께 여쭈었다.
>
> "그 부처님 국토의 수명은 얼마나 됩니까?"
>
> 부처님께서 말씀하시기를,
>
> "그 부처님의 수명은 42겁이니라."
>
> 이때에 법장비구는 이백십억 불국토의 청정한 수행법淸淨之行을 받아들였느니라.[16)]

라고 한다.

16) 상동.

세자재왕불의 설법을 듣고, 제불국토를 본 후에 위없이 수승한 원을 세웠다고 한다. 이 원이 바로 48대원이다. 그가 세운 발원은 혼자서 마음대로 세운 것이 아니라 모든 국토를 둘러보고, 철저한 검토를 거친 후에 확고부동한 마음으로 세운 것이다. 그의 마음가짐은 맑고 고요하고, 어느 것에도 집착하지 않은 상태였다. 이러한 발원은 어떠한 선입견이나 자신의 생각을 가지고 주관적인 생각으로 발원한 것이 아니라 완전히 객관적이고, 가장 뛰어나고 수승한 세계를 만들 것만을 생각하고 발원한 것이다. 자신의 생각이나 집착이 조금이라도 들어가지 않은, 이 세상에서 가장 아름답고, 수승하며, 모든 중생들만을 위한 이상적인 세계의 건설이 목표였다고 볼 수 있다.

그리고 극락세계를 건설하기 위해 5겁 동안 사유하였다고 한다. 구족오겁사유具足五劫思惟라고 하므로 완전히 오겁 동안 이것만을 생각하였다고 볼 수 있다. 여기서 사유란 바로 생각하였다는 것이며, 현대적인 언어로 표현한다면 설계하였다는 의미로도 해석할 수 있을 것이다. 단순히 설계만 한 것이 아니라 깊은 선정禪定에 들어서 사유하고 생각하고 또 생각하였으며, 빈틈없이 생각하고, 구석구석 세밀한 것까지도 생각하였을 것이다.

그러면서 불국토를 건설하고, 장엄하기 위해 청정행淸淨行을 닦았다고 한다. 여기서 청정행이란 조금도 삿된 생각이 아닌 오로지 불국토 건설에만 전념하였을 것이다. 그러면서 세자재왕불이 보여주신 210억 국토[17]를 방문하

17) 이백십억二百十億 : 80화엄경에서 설한 연화장세계의 내용. 전 우주를 말함(쓰보이 준에이 지음, 《정토삼부경개설淨土三部經概說》, 법장관, 1996, 182쪽에서는 이와 같이 주석을 붙이고 있지만, 필자는 아직까지 그 근거를 확인하지 못하고 있다.)

여 각 국토의 수승하고 미묘한 청정행만을 섭취하였다고 한다. 즉 210억 국토 중 각 나라에서 한 가지씩의 청정하고 미묘하며 수승한 법만을 취했다고 하더라도 극락국토의 청정법은 210억 가지가 된다. 따라서 이와 같이 청정한 국토이므로 극락정토極樂淨土가 되지 않을 수 없다.

그 구체적인 내용이 48대원이다. 5겁 동안 사유하고, 210억 국토를 다니면서 미묘청정행을 취하여 결론적으로 정리한 것이 48대원이라고 할 수 있다. 법장비구는 비구의 몸으로는 도저히 이러한 48대원을 모두 성취할 수 없으므로 보살이 된다. 그래서 국왕이 출가하여 법장비구가 되고, 더 나아가서 법장보살法藏菩薩로 변신하여 48대원을 성취함으로써 아미타불阿彌陀佛이 된다.

2) 극락세계의 아름다움

정토삼부경에서는 서방정토 극락세계를 분류할 경우 그곳의 부처님이나 보살 대중을 정보장엄正報莊嚴이라고 하고, 그곳의 국토와 환경 및 생활상태에 대한 것을 의보장엄依報莊嚴이라고 한다. 본 항에서는 먼저 의보장엄인 극락세계의 기세간器世間적인 조건에 대해서 살펴보고자 한다.

정토삼부경을 중심으로 의보장엄을 살펴보면, 그중 《무량수경》에서는 의보장엄을 칠보수장엄七寶樹莊嚴, 법음수장엄法音樹莊嚴, 칠보누각七寶樓閣과 연지장엄蓮池莊嚴, 대지장엄大地莊嚴에 대해서 설명하고 있다. 그리고 극락정토의 생활상태인 정토의 안락安樂에 대해서 설명하고 있다. 장엄은 환경상태를 의미하고 있으며, 안락은 생활상태라고 이해할 수 있다. 즉 극락정토의 환경조건은 최상이며, 그곳에 사는 사람들도 가장 안락하고 행복한 생활을 하고 있음을 말한다.

① 칠보나무의 아름다운 장엄

여기서 가장 먼저 설하는 것이 극락정토의 나무에 대한 것이다. 왜 나무를 극락정토의 환경에서 가장 우선시하였을까? 이에 대해서는 앞으로 연구해 볼 과제인 것 같다. 《무량수경》에서는 칠보수장엄七寶樹莊嚴에 대해 다음과 같이 설명하고 있다.

> 또한 그 나라에는 칠보로 된 온갖 나무가 세계에 가득하다. 금으로 된 나무, 은나무, 유리나무, 파려나무, 산호나무, 마노나무, 자거나무 들이 있는데 혹은 두 가지 보배, 세 가지 보배, 내지 일곱 가지 보배가 합하여져서 이루어졌느니라.
> … 중략 …
> 이와 같은 보배나무들은 가지런히 줄을 지어 있는데, 줄기와 줄기는 서로 마주 보고, 가지와 가지가 서로 이어져 있으며, 잎과 잎이 서로 향하고, 꽃과 꽃이 서로 이어져 있으며, 열매와 열매가 서로 닿아 있느니라. 그 아름다운 모습은 찬란한 광채에 눈이 부시어 바라볼 수 없으며, 때때로 맑은 바람이 불면 다섯 가지 소리五音聲[18]를 내니 미묘한 궁宮, 상商의 음악소리가 저절로 서로 조화를 이루느니라.
> 또한 무량수불이 계시는 도량의 나무는 높이가 4백만 리이고, 그 밑동의 둘레는

18) 오음五音 : 宮, 商, 角, 徵, 羽.

> 50유순由旬이며, 그 가지와 잎은 사방으로 20만 리나 퍼져있으며, 온갖 보배로 자연히 이루어져 있고 월광마니와 지해륜보와 같은 보배 중의 보배로 장엄되어 있느니라. 그리고 작은 가지 사이로는 보배로 된 영락이 드리워져있는데 그 색깔은 백천만 가지로 다르게 변하여 한량없는 광명이 끝없이 빛나고 있느니라. 아름다운 보배의 그물이 덮여있나니, 일체 장엄이 곳에 따라 나타나 있느니라.[19)]

라고 한다.

극락정토의 장엄 중에서 나무에 대한 이야기는 많은 부분을 차지하고 있다. 극락정토는 나무로 가득한 세상이다. 첫째는 나무의 종류에 대한 이야기다. 그 나무들은 모두 금, 은, 유리, 파려, 산호, 마노, 자거 등 칠보七寶로 된 나무다. 그러면서 한 가지로만 된 것이 아니라 칠보가 각각 어우러져 있는 나무다. 금 나무에는 은으로 된 잎과 꽃과 열매가 있으며, 때로는 뿌리와 줄기와 가지와 잎과 열매가 각각 다른 보배로 되어 있다. 이러한 나무가 가득한 세상이다.

둘째는 나무의 모습에 대한 이야기다. 모두가 가지런히 줄지어서 있으므로 칠보항수七寶行樹라고 한다. 그들은 줄기와 줄기가 서로 마주보고, 가지와 가지가 마주보며, 잎과 잎이, 꽃과 꽃이, 열매와 열매가 서로 마주보면서 찬란한 빛을 내고, 바람이 불면 오음五音으로 음악소리를 내면서 서로 조화를 이룬다고 한다. 여기서 나무의 배열이 불규칙하고 난잡한 것이 아니라 규칙적으로 줄지어 있으며, 그 속에서는 찬란한 빛과 아름다운 음악이 항상 흘러나

---

19) 한보광 옮김, 《무량수경》, 여래장, 2000, 76쪽. 강승개 옮김, 《무량수경》 권상 (대정장, 12, 270c).

온다고 한다. 이것이야 말로 무정설법無情說法이 아니겠는가?

셋째는 나무의 크기에 대한 이야기다. 나무의 크기는 높이가 4백만 리이고, 밑동의 둘레는 50유순이며, 가지와 잎은 사방으로 20만 리나 퍼져있다고 한다. 이와 같이 큰 극락의 도량수道場樹는 칠보로 장엄되어 있고, 모두가 살아서 싱싱하며, 찬란한 빛을 내고 있다고 한다.

칠보수에 대해서《관무량수경》에서도 구체적으로 설하고 있다. 여기서는 16관법 중 하나로 제4 보수관寶樹觀에서 살펴볼 수 있다.

> 보배 나무를 관하는 것은 하나하나 일곱 줄로 늘어선 나무를 생각하여라. 하나하나의 나무 높이는 8천 유순이며, 그 보배 나무들은 일곱 가지 보배로 된 꽃과 잎을 구족하게 갖추지 않은 것이 없느니라. 하나하나의 꽃과 잎은 다른 보배의 색으로 되어 있으니 …… 우뚝 솟아나 있는 여러 가지 열매는 마치 제석천의 보배 병이 큰 광명을 내어 당번으로 변하여 무량한 보배 일산이 되느니라. 보배 일산 속에는 삼천 대천 세계의 모든 부처님들이 하시는 일佛事이 비치어 나타나고, 시방세계의 모든 불국토도 그 가운데 나타나느니라.[20]

라고 한다.

《관무량수경》에서는 보배나무를 관하는 수행법을 설하면서 칠보항수七寶行

---

20) 한보광 옮김,《관무량수경》, 여래장, 2000, 206쪽. 강양야사 옮김,《관무량수경》(대정장, 12, 342a).

樹를 강조하고 있다. 《무량수경》이 나무의 종류나 모습과 크기에 대한 것을 강조하고 있는 데 비해서 《관무량수경》에서는 나무에서 나오는 광명을 구체적으로 설명하고 있다. 따라서 보수관은 나무에서 나오는 광명을 관하는 수행법이라고 볼 수 있다.

다음으로 《아미타경》에서는 칠보수에 대해 간단하게 설명하고 있다. 극락정토의 의보장엄을 설하면서 일곱 겹으로 된 난간과 일곱 겹의 나망과 일곱 겹의 가로수가 줄지어 있다고만 한다.[21] 그러나 법음法音에 대해서는 자세히 설명하고 있다.

② 진리를 설법하는 자연환경 장엄

다음으로 법음수장엄法音樹莊嚴에 대하여 설명하고 있다. 위에서 말한 극락수의 종류, 모습, 크기는 무엇을 하기 위해서 있는 것인가에 대하여 설명한다. 극락세계의 나무인 법음수는 부처님의 진리를 설하기 위해 존재하는 것이다. 법음수장엄에 대해 《무량수경》에서는,

> 미풍이 서서히 불면 모든 가지와 잎을 움직여서 무량한 묘음의 음성을 연출하는데, 그 소리가 흘러 모든 불국토에 울려 퍼지느니라. 그 소리를 듣는 사람은 무생법인無生法忍을 얻어 불퇴전지不退轉地에 머물고, 불도佛道에 이를 때까지 귀가 청

---

21) 구마라습 옮김, 《아미타경》 (대정장, 12, 346c) "又舍利弗！極樂國土, 七重欄楯 七重羅網 七重行樹"

정하고 투철하여 괴로움과 병환을 만나지 않으며, 눈으로 그 모습을 보고, 귀로 그 소리를 들으며, 코로 그 향기를 맡고, 혀로 그 맛을 보며, 몸으로 그 빛의 촉감을 느끼고, 마음으로 그 인연을 생각하느니라. 따라서 일체 모든 깊고 깊은 법인法印을 얻어 불퇴전지에 머물러 불도에 이를 때까지 육근六根이 청정하여 모든 번뇌와 병환이 없느니라.

아난아, 저 국토의 사람들로서 나무를 보는 자는 삼법인三法印을 얻으니 첫째는 음향인音響印이며, 둘째는 유순인柔順印이며, 셋째는 무생법인無生法忍이니라. 이것은 모두 무량수불의 위신력威神力 때문이며, 본원력本願力 때문이며, 만족원滿足願 때문이며, 명료원明了願 때문이며, 견고원堅固願 때문이며, 구경원究竟願 때문이니라.[22]

라고 한다. 극락세계 나무의 공덕에 대하여 설명하고 있다.

ⓐ 설법하는 나무의 소리를 들으면, 번뇌와 병환이 없어진다. 이 미묘한 음악은 그대로 법문이며, 이를 듣는 사람은 육근이 청정해져서 일체의 모든 병환이 없어진다. 법음수法音樹의 소리를 귀로 듣고, 그 나무를 눈으로 보고, 코로 향기를 맡으며, 혀로 맛보고, 몸으로 느끼고, 마음으로 생각한다. 이것이 인연이 되어 일체의 병고가 없어지고 번뇌가 사라진다. 우리들의 병고의 원인은 육근에서 온다. 육근이 깨끗하지 못하기 때문에 병환이 생긴다. 여기서

22) 한보광 옮김, 《무량수경》, 여래장, 2000, 79쪽. 강승개 옮김, 《무량수경》 권상 (대정장, 12, 271a).

는 이 대자연의 음악소리를 듣고, 보고, 맛보고, 느끼고, 생각하는 것으로 모두가 청정해져서 무생법인을 얻어 불퇴전지에 이른다고 한다.

ⓑ 법음수를 보는 자는 삼법인을 얻는다. 즉 음향인, 유순인, 무생법인의 삼법인을 얻으므로 불퇴전지에 이르를 수 있고, 깨달음을 얻을 수 있다. 이와 같은 법음수의 공덕은 바로 아미타불의 위력의 힘으로 된 위신력이고, 법장보살로 있으면서 세운 본원력이며, 5겁 동안 사유하여 48대원을 선택하였으며, 모든 중생을 만족케 하는 만족원이고, 임기응변이 없이 분명하게 세운 명료원이며, 끊임없이 정진하고 인욕하여 조금도 후회됨이 없으며 흔들림이 없는 견고원이고, 반드시 극락정토를 건설하여 모든 중생을 다 구제하겠다는 구경원의 육원성취 때문이다. 그러므로 법음수는 아미타불의 원력에 의한 장엄수이므로 원력수願力樹라고 할 수 있을 것이다. 하나하나 모두 구체적인 본원력에 의해 설계되었으며, 끊임없는 정진력으로 이룩된 것이다.

ⓒ 법음수의 수승함을 설하고 있다. 법음수의 법음은 육욕천의 음악보다 천억만 배나 수승하다. 그 소리는 여러 가지 악기가 저절로 자연스럽게 울리는 소리이지 인공적으로 만들어진 소리가 아니다. 모든 음이 조화롭게 화음을 이루어내면서 진리를 설하는 소리이다. 그 소리는 청량하고, 애절하며, 미묘하고, 온화하다고 한다.

그리고 법음法音에 대한 것으로는 《관무량수경》 제5보지관寶池觀[23]에서도 설하고 있다.

> 또한 마니보주에서 나오는 물이 연꽃 사이로 흐르며, 보배 나무를 따라 오르내리고 있느니라. 그 소리는 미묘하여 괴로움苦와 공과 무상과 무아와 여러 가지 바라밀을 연설하며, 또 모든 부처님의 상호를 찬탄하느니라.
> 여의주왕으로부터 금색의 미묘한 광명이 솟아오르고, 그 광명은 변화하여 백 가지 보배 빛의 새가 되어 노래하느니라. 그 소리는 평화로우면서도 애틋하고 그윽한데, 항상 부처님을 생각하고念佛, 가르침을 생각하고念法, 스님들을 생각하는念僧 것을 찬탄하느니라. 이것을 팔공덕수를 생각하는八功德水想 제5관이라고 하느니라.

물 흐르는 소리의 설법이다. 마니보주에서 물이 나오며, 이는 연꽃 사이와 보배나무의 아래위로 흐르면서 설법하고 있다. 그 내용은 고와 공과 무상과 무아 및 바라밀에 대한 설법이다.

ⓓ 광명의 설법이다. 광명이 솟아나고 그 빛이 새로 변하여 평화롭고 애틋하며 그윽한 서리로 염불, 염법, 염승을 노래하고 있다고 한다. 즉 보배연못에서는 연꽃과 팔공덕수와 빛과 소리가 어우러져서 고와 공과 무상과 무아의

---

23) 한보광 옮김, 《관무량수경》, 여래장, 2000, 209쪽. 강양야사 옮김, 《관무량수경》 (대정장, 12, 342b).

법문을 하고 염불, 염법, 염승을 찬탄하고 있다.

또한 극락세계의 새인 극락조들의 법음에 대해서《아미타경》에서도 구체적으로 설하고 있다.《무량수경》에서는 나무와 물이 주로 법문을 설하고 있지만,《아미타경》에서는 대자연의 법문을 말하고 있다. 여기에는 극락세계의 영조靈鳥와 미풍과 보배나무가 설법하고 있다. 이를 살펴보면,

> 그리고 사리불이여, 그 나라에는 항상 아름답고 기묘한 여러 가지 빛깔을 가진 새들이 있는데, 백학, 공작, 앵무새, 사리새, 가릉빈가, 공명조 등이 밤낮을 가리지 않고 항상 화평하고 맑은 소리로 노래하느니라. 이 소리는 오근五根과 오력五力과 칠보리분七菩提分과 팔정도八正道를 설하느니라. 그 나라 중생들은 이 소리를 듣고 나서 모두 부처님을 생각하고念佛, 가르침을 생각하며念法, 스님들을 생각念僧하느니라.
>
> 사리불이여, 그대는 이 새들이 실제로 죄업의 과보로 생긴 것이라고는 생각하지 말아라. 왜냐하면, 그 불국토에는 삼악도가 없기 때문이니라.
>
> 사리불이여, 그 불국토에는 삼악도라고 하는 이름조차도 없는데, 어찌 삼악도가 실지로 있겠느냐? 이와 같은 새들은 모두가 아미타불께서 법문을 널리 베풀고자 하여 화현으로 이루어진 것이니라.
>
> 사리불이여, 그 불국토에는 미풍이 불면, 모든 보석으로 장식된 가로수와 나망에서 미묘한 소리가 나는데, 그것은 마치 백천 가지 악기로 합주하는 듯하느니라. 그 소리를 듣는 사람은 모두 부처님을 생각하고, 가르침을 생각하며, 스님들을 생각할 마음이 저절로 우러나느니라. 사리불이여, 극락세계는 이와 같은 공

덕장엄으로 이루어졌느니라.

라고 한다.[24] 여기서는 극락세계의 법음에 대하여 설하고 있다. 법문하는 종류와 법문의 내용을 설하고 있는데,

ⓐ 극락새들의 법문이다. 그곳에는 백학, 공작, 앵무새, 사리새, 가릉빈가, 공명조가 대표적인 새들이다. 이들은 업보로 태어난 축생이 아니라 아미타불의 본원력에 의해 중생을 교화하기 위해 화현으로 이루어진 영조靈鳥다. 그들의 노랫소리는 단순한 울음이 아니라 화평하고 맑은 소리로 노래한다.

ⓑ 그 노랫소리는 바로 법문이다. 법문의 내용은 오근五根, 오력五力, 칠보리분七菩提分, 팔정도八正道 등이라고 한다. 즉 불교의 기본적인 수행법을 설명하고 있음을 알 수 있다. 그런데 이 소리를 듣는 사람들은 염불, 염법, 염승을 생각할 마음이 우러나온다고 한다. 즉 극락세계의 법문으로 삼보에 대한 찬탄과 존경과 귀의하는 마음이 저절로 우러나게 하는 것이다.

ⓒ 가로수와 나망에서 미묘하고 아름다운 소리가 나는 음악법문을 설하고 있다. 《무량수경》에서 칠보항수에 대한 설법이 있었지만, 여기서는 더욱 구체적으로 설하고 있다. 그 칠보항수에 미풍이 불면 나뭇잎과 나뭇잎이 부딪

---

24) 한보광 옮김, 《아미타경》, 여래장, 2000, 266쪽. 구마라십 옮김, 《아미타경》 (대정장, 12, 347a).

치는 소리, 가지와 가지가 부딪치는 소리, 열매와 열매가 부딪치는 소리가 모두 아름다운 법문으로 백천 가지 악기가 합주하는 듯하다고 한다. 그 소리는 바로 염불, 염법, 염승을 노래하고 찬탄하고 있다.

이러한 법문들은 바로 대자연의 법문이며, 무정설법無情說法인 것이다. 모든 자연은 그대로 무상법문을 설하고 있다. 극락세계의 모든 존재는 법문을 설하기 위해 장엄되어 있고, 존재하는 것이다. 모든 대중들에게 깨달음을 얻게 하기 위해 존재하는 장엄물이다. 뿐만 아니라 극락의 대중들은 이러한 대자연의 법문을 들을 수 있는 지혜와 마음 가지고 있다. 하는 소리마다 삼보를 찬탄하고 존경하며, 귀의하는 환경이 이루어진 세계다. 하다못해 나무나 물 흐르는 소리나 미물까지도 법문을 설하기 위해 아미타불의 본원력에 의해 화현化現으로 만들어진 계획된 세계이며, 장엄이다.

③ 칠보누각과 연못의 아름다움에 대한 장엄

다음으로는 칠보누각과 연지蓮池에 대한 장엄을 설하고 있다. 누각과 연지를 함께 설명하고 있다.

ⓐ 첫째는 누각을 설명하는데 칠보로 된 정사精舍와 궁전과 누각이 있으며, 이는 모두 진주와 명월마니 등의 보배 거물로 덮여 있다. 그 누각의 안과 밖에 칠보연못이 있고, 팔공덕수八功德水가 가득 차 있다.

ⓑ 둘째는 연못에 대한 이야기다. 연못은 칠보로 되어 있고, 연못 바닥에는

칠보모래가 깔려 있다. 그리고 연못 속에는 우발라화, 우담발라, 구물두화, 분타리화 등의 연꽃으로 가득하다. 팔공덕수는 물속에 들어가는 사람의 생각대로 높낮이가 조절되며, 온도도 바라는 대로 조절된다고 한다. 또한 그곳에서 목욕을 하면 정신이 맑아지고, 온몸이 상쾌해지며, 마음의 번뇌가 사라진다고 하여 물의 공덕에 대하여 설하고 있다.

ⓒ 셋째는 물소리의 공덕에 대한 이야기다. 물 흐름과 물 흐르는 소리가 바로 법문을 설하고 있다. 이 소리는 부처님의 음성으로 들리고, 진리의 소리로 들리고, 고요한 소리로 들리고, 공 무이의 소리로 들리고, 내자비의 소리, 바라밀의 소리, 십력의 소리, 무외의 소리, 불공법不共法의 소리, 신통지혜의 소리, 무소작無所作의 소리, 나고 멸함이 없는 소리, 무생법인의 소리, 감로관정甘露觀頂의 소리 등으로 들린다고 한다. 이 소리의 공덕은 환희심을 내고, 마음이 청정해지며, 탐욕심이 없어져서 보살도를 행하게 된다고 한다. 그리고 이 소리는 오직 자연스럽게 흘러나오는 즐거운 소리만 있을 뿐이므로 극락極樂이라고 한다.[25]

이와 같이 누각과 연못은 함께 있으며 여기에는 팔공덕수가 솟아나고, 청련, 백련, 홍련, 황연으로 가득하다. 그 물 흐르는 소리는 단순한 물소리가 아니라 진리의 법음이며, 깨달음으로 인도하는 소리다. 그 소리는 자연스럽고

25) 한보광 옮김, 《무량수경》, 여래장, 2000, 81~85쪽. 강승개 옮김, 《무량수경》 권상 (대정장, 12, 271b).

안락하여 극락이라고 한다. 여기서 누각과 연못과 물에 대한 장엄을 설하고 있다. 이 모든 것은 자연스러운 것이므로 가장 조화롭다고 한다.

보배누각에 대해서는 《관무량수경》에서 자세히 설하고 있다. 《관무량수경》의 제6보루관寶樓觀에 의하면,

> 여러 가지 보배 국토에는 하나하나의 경계마다 500억 개의 보배 누각이 있는데, 그 누각에는 한량없는 천인들이 천상의 음악을 연주하고 있느니라. 그리고 그 악기들은 천상의 보배 깃발과도 같이 허공에 매달려 있으며, 두드리지 않아도 저절로 울리는데, 그 소리는 모두 부처님을 생각하고念佛, 가르침을 생각하고念法, 비구스님들을 생각할念比丘僧 것을 설하고 있느니라.
>
> 이러한 생각이 이루어지면, 극락세계의 보배 나무와 보배 땅과 보배 연못을 대강은 보았다고 할 수 있느니라.

라고 한다.[26]

여기서는 보배누각의 장엄에 대하여 설하고 있다. 500억 개의 보배누각이 줄지어 있는데 그 누각에서는 천인들이 천상의 음악을 연주하고 있다. 그리고 악기는 허공에 매달려 있으며, 두드리지 않아도 저절로 소리가 난다고 한다. 그 음악소리는 바로 염불, 염법, 염승의 법문을 설하고 있다. 이는 《아미

---

26) 한보광 옮김, 《관무량수경》, 여래장, 2000, 210쪽. 강양야사 옮김, 《관무량수경》 (대정장, 12, 342c).

타경》에서 설하는 법문과 같은 내용이다. 그리고 보배연못에 대한 것으로는 《관무량수경》 제5보지관寶池觀에서 설명하고 있다.

> 보배 연못의 물을 생각하여라. 물을 생각한다는 것은 극락국토에는 여덟 가지의 보배 연못의 물八池水이 있고, 하나하나의 연못의 물은 일곱 가지 보배로 이루어져 있느니라. 그 보배는 부드럽고 유연한데, 이는 구슬의 왕인 여의주에서 나온 것이니라.
>
> 그 물은 열네 줄기로 나누어져 있고, 하나하나의 물줄기는 칠보 색으로 된 황금이 개울로 되어 있느니라. 개울의 밑바닥은 모두 여러 가지 색으로 된 금강석의 모래가 깔려 있느니라. 하나하나의 개울마다 60억 송이의 칠보 연꽃이 있으며, 연꽃 한 송이 한 송이마다 둥글고 탐스러워 모두 한결같이 12유순이나 되느니라.
>
> 또한 마니보주에서 나오는 물이 연꽃 사이로 흐르며, 보배 나무를 따라 오르내리고 있느니라. 그 소리는 미묘하여 괴로움苦와 공空과 무상無常과 무아無我와 여러 가지 바라밀을 연설하며, 또 모든 부처님의 상호를 찬탄하느니라.
>
> 여의주왕으로부터 금색의 미묘한 광명이 솟아오르고, 그 광명은 변화하여 백 가지 보배 빛의 새가 되어 노래하느니라. 그 소리는 평화로우면서도 애틋하고 그윽한데, 항상 부처님을 생각하고念佛, 가르침을 생각하고念法, 스님들을 생각하는念僧 것을 찬탄하느니라. 이것을 팔공덕수를 생각하는八功德水想 제5관이라고 하느니라.

라고 한다.[27]

여기서는 ⓐ첫째 연지에 대한 장엄이다. 연지는 칠보로 이루어져 있고, 그 속에 팔공덕수가 있으며, 그 사이로 물이 흐르고 있다. ⓑ둘째는 연꽃에 대한 장엄이다. 연꽃의 크기와 송이에 대한 장엄을 설하고 있다. ⓒ셋째는 물 흐르는 소리의 설법이다. 마니보주에서 물이 나오며, 이는 연꽃 사이와 보배나무의 아래위로 흐르면서 설법하고 있다. 그 내용은 고와 공과 무상과 무아 및 바라밀에 대한 설법이다. ⓓ넷째는 광명의 설법이다. 광명이 솟아나고 그 빛이 새로 변하여 평화롭고 애틋하며 그윽한 서리로 염불, 염법, 염승을 노래하고 있다고 한다. 즉 보배연못에서는 연꽃과 팔공덕수와 빛과 소리가 어우러져서 고와 공과 무상과 무아의 법문을 하고 염불, 염법, 염승을 찬탄하고 있다.

다음으로《아미타경》에서는 연못과 누각과 연꽃을 함께 이야기 하고 있다. 물론 연못에 연꽃이 있고 팔공덕수가 흐르며, 그 위에 누각이 있기 때문일 것으로 생각한다.

> 사리불이여, 극락국토에는 칠보七寶로 된 연못이 있는데, 그 가운데에는 여덟 가지 공덕을 갖춘 팔공덕수八功德水로 가득하느니라. 연못 바닥에는 순전히 금모래가 깔려 있고, 연못 둘레에 있는 사방의 계단은 금, 은, 유리, 파려 등으로 되어 있느니라.
> 또 그 위에는 누각이 있는데, 금, 은, 유리, 파려, 자거, 적진주, 마노 등으로 장엄하게 꾸며져 있느니라.

27) 상동, 209쪽(대정장, 12, 342b).

연못 속에는 수레바퀴만 한 연꽃이 피어 있는데, 푸른 연꽃靑蓮에는 푸른 광채가 나며, 누런 연꽃黃蓮에는 누런 광채가 나며, 붉은 연꽃紅蓮에는 붉은 광채가 나고, 흰 연꽃白蓮에는 흰 광채가 나는데, 미묘하고 향기롭고 정결하느니라. 사리불이여, 극락국토에는 이와 같은 공덕장엄으로 이루어져 있느니라.

라고 한다.[28)]

《아미타경》에서는 칠보연못과 팔공덕수와 칠보누각 및 연꽃의 장엄에 대하여 설하고 있다. 이 모두는 연못을 중심으로 이루어지며, 연못 속에는 팔공덕수와 연꽃이 있고, 그 위에는 누각이 있어 연못에 비치고 있다. 그 아름다운 은 이루 말할 수 없을 정도로 장엄하다. 특히 연꽃은《무량수경》과 같이 청련, 황련, 홍련, 백련이 피어 있으며, 그 스스로 각각의 광채를 발하고 있다. 극락국의 탄생은 연꽃에서 태어난다. 그러므로 연꽃에 대한 설명은 최대한 많은 표현을 쓰고 있다.

④ 대지의 장엄

극락정토의 대지에 대한 장엄을 살펴보고자 한다.《무량수경》에서는 정보장엄을 설하면서 대지의 장엄에 대한 이야기를 하고 있다. 이를 보면,

그 불국토는 금 · 은 · 유리 · 산호 · 호박 · 자거 · 마노 등 칠보로 땅이 이루어져

---

28) 한보광 옮김,《아미타경》, 여래장, 2000, 263쪽. 구마라십 옮김,《아미타경》(대정장, 12, 346c).

있고, 넓고 광대하여 끝이 없느니라. 그 보배들은 서로 섞이어서 눈부시게 빛이 나고 아름다우며, 화려하고 청정하게 장엄된 것이 시방의 모든 세계의 것보다도 더 뛰어났는데, 그는 마치 육천六天 : 他化自在天의 보배와도 같으니라. 또한 그 국토에는 수미산이나 금강철위와 같은 일체의 산이 없으며, 크고 작은 바다, 시내, 우물, 골짜기 등이 없지만 보기를 원하면 부처님의 신통력으로 바로 나타나느니라. 또한 지옥, 아귀, 축생 등 여러 고난에 가득한 악취惡趣도 없으며, 봄, 여름, 가을, 겨울 등의 사계절도 없어 춥거나 덥지도 아니하여 항상 온화하고 쾌적하니라.

라고 한다.[29]

극락국의 대지에 대한 특징을 몇 가지로 살펴보면 다음과 같다. 첫째는 극락국의 대지는 칠보로 이루어져 있으며, 끝없이 넓고 광대하다고 한다. 둘째는 보배로 이루어져 있어서 빛나고 아름다우며 화려하고 청정한 세계다. 셋째는 높은 산이나 깊은 바다 및 험난한 골짜기 등이 없이 평지로 이루어져 있다. 넷째는 지옥 아귀 축생 등의 삼악도 중생이 없으며, 고통과 괴로움이 없다. 다섯째는 사계절의 변화가 없으며, 항상 봄의 나라인 상춘常春의 국토라고 한다. 즉 자연재해가 없는 가장 쾌적한 환경조건임을 설명하고 있다.

그리고 《관무량수경》에서는 제2수상관水想觀과 제3보지관寶地觀에서 대지의 장엄을 설하고 있다. 먼저 제2수상관水想觀에 의하면,

이미 물을 보았으면, 다음은 얼음을 생각하여라. 그 얼음이 투명하게 비치는 것

29) 한보광 옮김, 《무량수경》, 여래장, 2000, 69쪽. 강승개 옮김, 《무량수경》 권상 (대정장, 12, 269c).

을 보았으면, 다음은 유리를 생각하여라. 이 생각이 모두 다 이루어졌으면, 다음은 유리로 된 땅의 안과 밖이 투명하게 비치는 것을 보아라. 그 밑에는 금강과 칠보로 된 황금 당번이 유리로 된 땅을 받치고 있음을 보아라. 황금으로 된 당번은 여덟 개의 면과 여덟 개의 각으로 되어 있고, 하나하나의 면은 백 가지의 보배로 꾸며져 있느니라. 또 하나하나의 보배 구슬에는 천 가지의 광명이 있으며, 이 한 줄기의 광명마다 팔만사천 가지의 색으로 빛나는데, 그 빛이 유리로 된 땅을 비추면, 마치 억천 개의 해와 같이 밝아서 모두를 다 볼 수가 없느니라.

유리로 된 땅 위에는 황금 줄로 이리저리 칸이 지어져있고, 칠보로 경계를 분명히 하고 있느니라. 그 낱낱의 보배에는 오백 가지의 색이 빛나고, 그 빛은 꽃과 같으며, 또한 별이나 달과도 같이 허공중에 걸려 있어 광명대를 이루고 있느니라. 그 위에는 누각이 천만 개나 있는데, 백 가지 보배가 합하여 이루어져 있으며, 광명대의 양쪽에는 각각 백억의 꽃송이로 만들어진 당번과 무량한 악기로 장엄되어 있느니라. 찬란한 광명에서 여덟 가지의 맑은 바람이 불어와 이 악기를 울리면, 고와 공과 무상과 무아의 소리를 연설하느니라.

라고 한다.[30]

극락정토의 세계를 관함에 있어서 물을 관하고 그 물이 얼음으로 변하며, 이것이 다시 유리로 변함을 관한다. 그 유리가 바로 대지임을 말하고 있다. 그

30) 한보광 옮김, 《관무량수경》, 여래장, 2000, 203쪽. 강양야사 옮김, 《관무량수경》 (대정장, 12, 342a).

유리 땅은 안과 밖이 투명하여 모든 것을 비친다. 그 밑에는 칠보로 된 대지이고, 수많은 보배로 꾸며져 있다. 그리고 광명이 솟아나고, 누각과 꽃송이가 있으며, 수많은 악기로 장엄되어 있음을 말하고 있다. 그 악기가 고와 공과 무상과 무아를 설하고 있다고 한다. 그리고 다음의 제3보지관寶地觀에서는 구체적인 극락정토의 대지보다는 관법에 대해 설하고 있다.

> 이러한 생각이 이루어질 때에 하나하나를 관하여 매우 분명하게 하여 눈을 감거나 뜨거나 흩어지지 않게 하여야 하느니라. 다만 잠잘 때를 제외하고는 항상 이 일을 억념憶念해야 하느니라. 이와 같이 생각하면, 극락세계를 대강은 보았다고 이름할 수 있느니라. 만약 삼매를 얻으면, 저 국토의 땅을 분명히 보게 되는 것이지만, 이를 모두 다 설명할 수는 없느니라. 이를 보배 땅을 생각하는地想 제3관이라고 하느니라 …… 그대는 내 말을 잘 간직하였다가 미래세의 일체 중생들 가운데 고통에서 벗어나려고 하는 사람들을 위하여 이 땅을 관하는 방법觀地法에 대하여 말해 주어라. 만약 이처럼 땅을 관하는 사람은 80억 겁 동안의 생사의 죄를 소멸할 뿐만 아니라, 몸을 버린 후 다음 세상에는 반드시 청정한 국토에 태어날 것이니 마음속으로 의심하지 말아야 하느니라.

라고 한다.[31]

수상관水想觀이 바르게 되고 난 후에는 물이 바로 칠보대지임을 관하라고

31) 상동, 205쪽.

한다. 이러한 관을 지속하는 것이 바로 보지관寶地觀이라고 설명한다. 항상 극락정토의 대지를 바르게 관하면 80억 겁의 죄를 소멸하고 반드시 왕생할 것을 의심해서는 안 된다. 이를 한마디로 표현한다면 청정국토라고 하고 있다.

《아미타경》에서는 극락국의 대지장엄에 대해 비교적 간단하게 설하고 있다. 이를 보면,

> 사리불이여, 저 불국토에는 항상 천상의 음악이 연주되고, 대지는 황금으로 이루어졌으며, 밤낮 여섯 차례晝夜六時에 걸쳐서 만다라화 꽃비가 내리느니라. 그 나라의 중생들은 항상 이른 아침마다 여러 가지 아름다운 꽃을 바구니에 담아 가지고, 다른 세계로 다니면서 10만억 부처님께 공양하고 조반 전에 돌아와서 식사를 마치고 산책하느니라. 사리불이여, 극락세계는 이와 같은 공덕장엄으로 이루어졌느니라.

라고 한다.[32]

여기서는 대지만을 설한 것이 아니고, 대지와 음악과 꽃의 장엄을 함께 이야기하고 있다. 즉 대지는 황금으로 이루어져 있고, 그 위에는 항상 만다라화 꽃비가 내린다. 뿐만 아니라 그 곳의 중생들은 아침마다 시방세계의 부처님에게 꽃공양을 올린 후에 식사를 하고 산책함을 이야기한다. 이 모습을 생각해 보면 대단히 아름다운 장면일 것이다. 황금으로 된 대지에 꽃으로 가득한

---

32) 한보광 옮김, 《아미타경》, 여래장, 2000, 265쪽. 구마라십 옮김, 《아미타경》 (대정장, 12, 347a).

세상의 아름다운 장엄과 중생들의 아름다운 마음씨를 충분히 느낄 수 있을 것이다.

5. 아미타불은 어떤 분인가?

극락국의 아미타불과 성중聖衆에 대한 장엄을 정보장엄正報莊嚴이라고 한다. 아미타불은 세자재왕불이 설법할 때에 국왕이 출가하여 법장비구가 되었으며, 그가 법장보살로 되어 48대원을 세우고 수행한 결과로 성취한 부처님이다. 그는 무앙수겁 동안 극락국을 건설하기 위해 수행하였으며, 육바라밀 등을 닦았다. 앞에서도 언급한 바와 같이 중생구제의 대원력을 세운 부처님이다. 이러한 아미타불의 가장 특징적인 것을 두 가지의 장엄으로 표현하고 있다. 하나는 무량광無量光이며, 다른 하나는 무량수無量壽다. 무량광은 한량없는 빛이며, 이는 지혜광명이다. 범어로는 Amitābha라고 한다. 이는 '무량의 광명이 있는 것' 이다. 무량수는 한량없는 수명이며, 영원한 생명의 부처님이다. 범어로는 Amitāyus라고 한다. 이는 '무량의 수명이 있는 것' 이다.[33] 즉 아미타불은 영원한 지혜광명의 부처님이고, 영원한 생명의 부처님이다.

---

33) 쓰보이 준에이 지음, 한보광 옮김 《정토교개론》 (홍법원, 1984) P,46

1) 영원한 빛의 부처님

먼저 무량광불의 장엄에 대해 논하고자 한다. 이에 대해 《무량수경》[34]에서는, 첫째는 열두 가지의 명호로서 표현하고 있다. 둘째는 광명의 공덕은 모든 번뇌를 쉬게 하고, 해탈을 얻게 한다. 셋째는 아미타불의 광명을 찬탄함이다. 따라서 아미타불의 광명은 그대로 아미타불임을 뜻하고 있다. 그 광명의 공덕과 위신력은 말로 다할 수 없을 정도로 무량, 무변한 것이다. 그 광명은 단순한 빛이 이 나라 중생의 번뇌를 없애주고, 업장과 죄악을 소멸시켜 해탈의 길로 인도할 정도로 강력한 에너지를 가지고 있다고 한다. 그 함축된 뜻이 바로 12광불의 명호이다.

아미타불의 광명이 모든 국토를 비출 수 있음을 발원한 것이 48대원 중에서 제12광명보조원光明普照願이다.

> 만약 제가 부처가 될 적에, 저의 광명이 한량이 있어서 백천억 나유타의 모든 불국토를 비출 수 없다면, 저는 차라리 부처가 되지 않겠습니다.

라고 한다.[35]

---

34) 한보광 옮김, 《무량수경》, 여래장, 2000, 73쪽. 강승개 옮김, 《무량수경》 권상 (대정장, 12, 270a).
35) 상동, 46쪽, (대정장, 12, 268a).

아미타불의 광명이 한량없어 모든 불국토를 비치기를 서원하고 있다. 부처님의 광명이 비춰져야 모든 정보를 알 수 있고, 중생을 제도할 수 있기 때문이다. 만약 부처님의 자비광명과 지혜광명이 비춰지지 않는다면 시방세계에 두루할 수 없다. 따라서 부처님의 불광佛光은 우주에 가득해 있는 것이다.

그리고 48대원 중에서 제33몽광안락원蒙光安樂願에서 광명을 입기만 해도 번뇌가 없어지고 안락을 얻기를 원하고 있다.

> 만약 제가 부처가 될 적에, 시방세계의 무량하고 불가사의한 모든 불국토의 중생들의 몸에 저의 광명을 입어, 그들의 몸에 비치기만 하여도 그들은 몸과 마음이 부드러워져 인간계와 천상계를 초월할 것입니다. 그렇지 못하면, 저는 차라리 부처가 되지 않겠습니다.

라고 한다.[36)]

아미타불의 광명으로 중생구제를 서원하고 있다. 극락국에 태어나는 중생들의 몸에 아미타불의 광명이 비치기만 해도 성불하여지기를 발원하고 있다. 아미타불의 중생구제의 방편은 광명이다. 그 무한한 빛으로 중생을 제도하고, 강력한 지혜의 빛으로 중생의 번뇌를 없애고, 업장을 소멸시키는 것이다. 이것이 바로 아미타불의 능력이고, 위신력이다.

---

36) 상동, 54쪽, (대정장, 12, 268c).

《관무량수경》에서는 아미타불을 관하는 법을 제시하고 있다. 제9진신관眞身觀에 의하면,

> 몸의 모든 털구멍에서는 광명이 나오는데, 수미산과도 같으며, 그 부처님의 둥근 광명佛圓光은 백억 삼천대천세계와도 같으니라
> 원광圓光 속에는 백만억 나유타 항하사와도 같이 많은 화신불化身佛이 있고, 역시 한 분 한 분의 화신불에는 무수히 많은 화신보살들이 시자侍者로 계시느니라.
> 무량수불에게는 8만4천 가지의 상호가 있고, 하나하나의 상호에는 각각 8만4천의 수형호가 있으며, 다시 하나하나의 수형호에는 8만4천의 광명이 나오고 있느니라. 하나하나의 광명은 시방세계를 두루 비추어 염불하는 중생을 섭취하여 버리지 않느니라—光明 遍照十方世界 念佛衆生 攝取不捨.

라고 한다.[37]

진신관에서는 아미타불의 진신을 관하는 방법을 제시하고 있다. 특히 이 중에서도 무량한 광명을 관하는 방법을 자세히 설명하고 있다. 아미타불의 광명은 하나하나의 털구멍마다 무량한 빛이 나며, 그것이 후광을 이루고 있다. 이 광명 속에는 무수한 화신불이 나투고 있고, 각 수형호마다 광명이 비치어 모든 중생의 간절한 소원을 섭취하고 있다고 한다. 즉 광명을 통하여 중생

37) 한보광 옮김, 《관무량수경》, 여래장, 2000, 220쪽. 강양야사 옮김, 《관무량수경》(대정장, 12, 343b).

의 마음가짐과 정보를 낱낱이 파악하고 있다고 볼 수 있다. 이러한 부처님의 빛을 통하여 정보를 수집하고 의사를 소통하며, 중생을 제도하고 있다고 함은 실로 놀라운 일이다. 오늘날 모든 정보의 교환은 빛에 의해서 전달되고 있다. 아미타불은 광명을 통하여 염불하는 중생을 버리지 않고 거두어 주신다. 여기서 '염불중생 섭취불사念佛衆生 攝取不捨' 라고 하는 것은 정토신앙의 대표적인 가르침이라고 해도 과언이 아니다.

《아미타경》에서도 아미타불의 광명에 대해 설하고 있다. 극락의 정보장엄에서 아미타불이라고 하는 이유를 분명히 하고 있다.

> 사리불이여, 그대는 저 부처님을 어째서 아미타불阿彌陀佛이라고 하는 줄 아는가? 사리불이여, 그 부처님의 광명이 한량없어 시방세계를 두루 비추어도 조금도 걸림이 없기 때문에 그 이름을 아마타불이라고 하느니라.

라고 한다.[38]

《아미타경》에서는 아미타불이라고 하는 이유를 분명히 밝히고 있다. 하나는 무량광無量光이고 하나는 무량수無量壽이기 때문이라고 한다. 여기서는 무량광에 대한 이야기다. 부처님의 광명에 대한 특징으로 두 가지를 말하고 있다. 한량없는 광명과 걸림 없는 광명을 말하고 있다. 앞에서 12광불을 언급하였듯이 아미타불의 광명의 특징은 시간적으로는 영원하며, 공간적으로는 두루

---

38) 한보광 옮김, 《아미타경》, 여래장, 2000, 268쪽. 구마라십 옮김, 《아미타경》 (대정장, 12, 347a).

한 것이다. 즉 시방세계를 두루 비추므로 시방편조十方遍照라고 한다. 그 빛으로 모든 중생을 거두어 주신다고 한다. 그 광명은 어떠한 장애도 없다. 이를 무소장애無所障碍라고 한다. 이는 공간적인 방해든 시간적인 제약이든 받지 않음을 의미한다. 따라서 골고루 비추지 않는 곳이 없고, 보지 못하는 중생이 없음을 말하고 있다.

2) 영원한 생명의 부처님

다음으로 무량수불無量壽佛에 대하여 논하고자 한다. 아미타불은 영원실상의 부처님이다. 만약 아미타불의 수명이 정해져 있다고 한다면, 그는 아미타불이 될 수 없다. 구원의 부처님이며, 생명의 부처님이므로 우리는 아미타불이라고 한다. 이에 대해 《무량수경》의 48대원 중에서 제13수량무궁원壽量無窮願에 의하면,

> 만약 제가 부처가 될 적에, 저의 수명이 한정이 있어서 백천억 나유타겁에 이르지 못한다면, 저는 차라리 부처가 되지 않겠습니다.

라고 한다.[39)]

법장보살로 있으면서 세운 서원이다. 이는 아미타불의 수명이 무량하기를

---

39) 한보광 옮김, 《무량수경》, 여래장, 2000, 46쪽. 강승개 옮김, 《무량수경》 권상 (대정장, 12, 268a).

서원한 것이다. 그런데 법장보살은 아미타불로 되었기 때문에 이 서원도 성취되었다고 보고 있다. 따라서 아미타불의 수명은 무량하다고 보아야 할 것이다.

그리고《무량수경》에 의하면, 아미타불과 극락대중의 수명에 대하여 설하고 있다.

> 무량수불의 수명은 매우 길어서 헤아릴 수 없는데 그대가 어찌 알겠는가? 가령 시방세계의 무량한 중생들이 사람의 몸을 받아 성문이나 연각이 되어 다 함께 모여 고요히 생각하고 한마음禪思一心으로 자신들의 지혜를 다하여 백천만 겁 동안 그 수명을 계산하고 세어 보아도 그 끝을 다 알 수 없느니라. 또한 성문과 보살 및 천인들의 수명도 이와 같아서 세어 보거나 비유로도 능히 알 수 없느니라. 그런데 그 세계의 성문과 보살의 수가 한량없이 많은데 그들은 모두 지혜와 신통력이 통달하여 그 위신력이 자재하여 능히 손바닥 위에 일체 세계를 올려놓을 수도 있느니라.

라고 한다.[40]

아미타불의 수명이 한량없다는 것은 숫자로나 지혜로 셀 수 있는 것이 아니다. 아무리 많은 성문이나 연각의 지혜로도 불가능하며, 계산할 수 있는 숫자가 아님을 설하고 있다. 그래서 무량수라고 한다. 그 생명은 영원하므로 영생永生이라고 할 수 있다. 깨달음의 세계에서는 죽음이 없으며, 생사를 자유자재로

40) 상동, 74쪽, (대정장, 12, 270b).

할 수 있다. 이를 왕생往生이라 하며, 원생願生이라고 한다. 왕생은 바로 깨달음이 보장된 탄생이고, 영원한 삶을 보장 받는 곳이다. 따라서 무량수라고 한다.

그런데 《관무량수경》에서는 아미타불의 수명에 대한 구체적인 언급은 보이지 않는다. 아미타불이라는 표현보다 무량수불이라는 명호를 많이 사용하고 있다. 16관법에서도 한량없는 수명을 관하는 방법은 보이지 않는다. 그러나 경전 전체의 흐름에서 볼 때 무량수불이라는 명호의 사용만으로도 한량없는 수명을 전제로 하고 있음을 알 수 있다.

다음으로 《아미타경》에서는 구체적으로 표현하고 있다.

> 사리불이여, 그대는 저 부처님을 어째서 아미타불이라고 하는 줄 아는가? …… 또한 사리불이여, 그 부처님의 수명과 그 나라 인민들의 수명이 한량없고 끝이 없는 아승지겁이므로 그 이름을 아미타불이라고 하느니라.

라고 한다.[41]

아미타불이라고 하는 이유에 대해서 두 가지로 답하고 있다. 첫째는 무량광불이므로 아미타불이라고 한다. 둘째는 무량수불이므로 아미타불이라고 한다는 대답이다. 무량광에 대해서는 앞에서 언급한 바와 같으며, 무량수는 그 나라 부처님과 대중의 수명이 한량없으므로 아미타불이라고 한다. 여기서 수명이 한량없다는 것은 셈할 수도 없고, 헤아릴 수도 없는 무한대의 숫자다.

---

41) 한보광 옮김, 《아미타경》, 여래장, 2000, 269쪽. 구마라습 옮김, 《아미타경》 (대정장, 12, 347a).

한량없고, 끝없는 아승지겁이므로 아미타불이라고 한다. 즉 영원한 생명의 부처님이며, 진리의 대명사가 아미타불이다.

6. 극락세계는 어디에 있는가?

1) 극락세계의 방향과 거리

이상에서 의보장엄과 정보장엄에 대하여 살펴보았다. 일반적으로 극락정토와 아미타불의 존재에 대한 믿음이 부족한 사람들이 많다. 믿긴 믿는데 반은 믿고, 반은 믿지 않는 의혹심을 가지면서 믿는 사람들이 많다. "극락이 어디 있느냐? 지금 이 자리가 극락이지 죽은 뒤에 무슨 극락이 있느냐"고 하는 사람이나, 혹은 "아미타불이 어디 있느냐 내 마음이 아미타불이지"라고 하는 사람들도 있다. 지금까지 정토삼부경에서 극락정토와 아미타불에 대해서 수없이 자세히 설명하였지만, 이들은 그 존재를 믿지 않고 '유심정토 자성미타唯心淨土 自性彌陀'라고 한다.

우리 주위에는 이러한 사람들이 대단히 많다. 비불자들은 말할 것도 없지만, 불자들조차도 대부분이다. 심지어는 정토신앙을 하는 사람들조차도 이러한 사람들이 있다. 더 나아가서 지방입상적指方立相的인 서방정토를 주장하면 마치 무엇인가 부족하거나 불교공부를 잘못하고 있는 사람으로 비웃기조차 한다.

그러면 경전상에서는 지방입상적인 극락세계에 어떻게 표현하고 있는지

살펴보고자 한다. 《무량수경》에서는,

> 법장보살은 이미 성불하여 현재는 서방西方에 계시는데, 그 세계는 여기서부터 십만 억찰十萬億刹을 지나간 곳에 있으며, 그 부처님 세계의 이름은 안락安樂이라고 한다.

라고 한다.[42]

《무량수경》에서는 처음으로 극락정토의 방향과 거리 및 그 명칭이 나온다. 법장보살이 성불하여 계시는 곳은 서방西方으로, 여기서 십만억찰을 지난 곳에 있는 안락이라는 곳이라고 한다. 즉 첫째 주불은 법장보살이 성불하였으며, 둘째 시기는 현재이고, 셋째 방향은 서방西方으로, 넷째 거리는 십만억찰十萬億刹을 지나서, 다섯째 나라 이름은 안락安樂이라고 한다. 이 문장은 대단히 간단하지만, 서방정토에 대한 중요한 사항들을 모두 언급하고 있다.

ⓐ 첫째 주불인 법장보살이 성불한 부처님을 아미타불 혹은 무량광불 또는 무량수불 등 12가지로 부르고 있다. 이 부처님의 명호에 대한 것은 이미 앞에서 언급한 바가 있다.

ⓑ 둘째 시기는 석가모니부처님이 설법할 때이고, 오늘날 우리들이 《무량수경》을 읽는 이때인 것이다. 그러므로 삼세불三世佛 가운데 과거불도 아니고,

42) 한보광 옮김, 《무량수경》, 여래장, 2000, 69쪽. 강승개 옮김, 《무량수경》 권상 (대정장, 12, 270a).

미래불도 아닌 현재불인 것이다. 이미 성불한 지는 십겁十劫이 지났지만, 그 부처님의 수명은 무량수이므로 현재라고 한 것이다. 이는 무량수불로 본다면 십겁 전도 현재이고, 십겁이 지난 지금도 현재인 것이다. 그 현재는 극락정토에서 지금도 설법을 하고 계시므로 영원히 현재로 보아야 할 것이다. 무량수불이 계시는 동안은 현재로 보아야 할 것으로 생각한다.

ⓒ 셋째 방향을 서방西方이라고 한다. 이 방향에 대해서는《관무량수경》에서 몇 번 설하고 있다.

> 여래께서는 지금 위제희와 미래세상의 일체 중생들이 서방 극락세계를 관觀하는 법을 가르쳐주겠노라. 그대들은 부처님의 위신력佛力으로 인하여 마땅히 저 청정한 국토를 보게 되리라以佛力故 當得見彼 淸淨國土.

라고 한다.[43]

위제희부인과 미래세의 일체중생을 위해 서방극락국토를 관하는 법을 가르쳐 주신다고 설하고 있다. 여기서 서방에 있는 극락국토라고 하였으므로 극락국토는 서방에 있음을 분명히 하고 있다. 서방정토는 시방정토十方淨土 가

43) 한보광 옮김, 《관무량수경》, 여래장, 2000, 200쪽. 강양야사 옮김, 《관무량수경》 (대정장, 12, 341c).

44) 선도, 《관무량수불경소觀無量壽佛經疏》 권3, '정선의定善義' (대정장, 37, 261c) "一者欲令衆生識境住心指方有在 不取冬夏兩時 唯 取春秋二際 其日正東出直西沒 直西超過十萬億刹卽是."

운데 한 곳이다. 그중에서도 가장 수승한 정토라고 한다.

중국의 선도善導대사631~681는《관무량수불경소》권3 '정선의'에서[44] 극락세계의 방향에 대해 분명히 하고 있다. 태양의 변화에 대해 논하면서 가장 바른 서쪽을 향해 앉아서 일상관日想觀을 하라는 것이다. 그때가 바로 춘분과 추분 때이므로 이때 해가 지는 쪽이 바로 극락세계가 있는 방향이라고 한다. 동지와 하지 때가 아니라, 춘분과 추분 때가 정동과 정서라는 것이다. 이때 해가 지는 쪽으로 십만억 국토를 지나면 극락세계가 있다고 한다.

물론 오늘날 천문학적인 측면에서 본다면, 여러 가지 이론이 제기될 수도 있겠지만, 선도가 생존했던 당나라시대의 우주관의 입장에서 생각해 보아야 할 것이다. 선도의 지방입상적인 정토의 신념은 대단하였던 것 같다. 그는 동쪽으로 갈 일이 있어서 말을 타고 갈 때면 말을 거꾸로 탔다고 한다. 어찌 청정한 극락국이 있는 서방으로 엉덩이를 보일 수 있는가라고 하였다고 한다. 이러한 신념은 신라의 의상대사도 부석사를 건립하면서 무량수전에 아미타불을 봉안할 때 법당의 구조와는 다르게 불상이 동쪽으로 향하도록 안치하였다. 그 이유는 참배자가 서쪽으로 향해 예배할 수 있게 하기 위함이었다.

이러한 서방에 대한 가르침은《아미타경》에서도 마찬가지로 설명하고 있다. 따라서 극락정토는 시방정토 가운데 서방에 있음을 분명히 하고 있다.

그러면 이 서방이라는 방향에 대해서 오늘날 천문학에서는 어떻게 이해해

44) 선도,《관무량수불경소觀無量壽佛經疏》권3, '정선의定善義' (대정장, 37, 261c) "一者欲令衆生識境住心指方有在 不取冬夏兩時 唯 取春秋二際 其日正東出直西沒 直西超過十萬億刹卽是."

야 할 것인가? 이는 천문학적인 측면과 신앙적인 측면을 혼동해서는 아니 될 것이다. 불교의 우주관에서 본다면 수미산을 중심으로 우리가 사는 세계는 남섬부주다. 즉 수미산의 남쪽에 있는 세계가 바로 사바세계인 지구라는 것이다. 여기서 말하는 서방은 수미산을 중심한 불교적인 우주관적인 입장에서 보아야 할 것이다. 또 현대적으로 말한다면 태양계를 중심으로 하는 방향으로 이해해야 하므로 앞으로도 많은 논란의 대상이 될 것이다. 이 문제에 대해서는 더 많은 연구가 필요할 것으로 생각된다.

ⓓ 넷째 극락국의 거리가 십만억찰을 지난 곳에 있다고 한다. 여기서 찰刹이라는 것은 범어로는 Kṣetra라고 하며, 음역으로는 찰다라라 한다. 토전土田 또는 토, 국토라고 하며, 범어와 한자를 합해 찰토刹土라고도 한다. 불국토, 불찰佛刹이라고 하므로 십만억토로 볼 수 있다.[45] 따라서 10만억 개의 천체를 지난 곳에 있다고 볼 수 있을 것이다. 일본의 어떤 수학자는 이 거리를 10의 17승이라고 하기도 했다. 즉 이 거리는 현대적인 수학으로 계산한다면 10경 광년의 거리라는 것이다. 그러나 이와 같이 먼 거리지만, 아미타불의 본원력에 의해서 간다면 탄지간彈指間에 갈 수 있다고 한다. 즉 순식간에 갈 수 있다는 것이다.

ⓔ 다섯째 그 나라 이름이 안락安樂이라고 한다. 《무량수경》에서는 안락이라고 하지만, 《관무량수경》이나 《아미타경》에서는 극락極樂이라고 한다. 《무

---

45) 쓰보이 준에어 지음, 한보광 옮김, 《정토교개론》, 홍법원, 1984, 16쪽.

량수경》의 칠보누각과 연지장엄에서[46], 안락국이란 상대적인 즐거움이 아니라 절대적인 즐거움을 말한다. 범어로는 Sukhāvati라고 하여 안락, 극락, 안양, 낙방樂邦, 낙유樂有라고도 한다.[47] 여기서 판본에 따라 안락과 극락으로 표현하고 있으나 일반적으로 《무량수경》에서는 안락으로 번역되어 있다.[48] 혹은 다른 번역에서는 무량청정국이나 아미타불국은 모두 극락정토와 동일한 의미로 사용되고 있다.

《아미타경》에서는 극락極樂에 대한 구체적인 표현을 하고 있다. 여러 차례에 걸쳐 극락이라는 표현을 사용하고 있다. 이를 살펴보면,

> 여기에서 서쪽으로 10만억 불토를 지나서 극락이라고 하는 세계가 있느니라. 거기에는 아미타불이 계시어 지금도 법을 설하시느니라.

라고 한다.[49]

십만억 불국토를 지나 극락국이 있으며, 그곳에는 아미타불이 현재 설법하고 있다고 한다. 《무량수경》에서도 아미타불이 현재 설법하고 있다고 한 것과 같다. 또 의보장엄을 설하면서,

---

46) 한보광 옮김, 《무량수경》, 여래장, 2000, 85쪽. 강승개 옮김, 《무량수경》 권상 (대정장, 12, 271b).
47) 상동, 43쪽.
48) 강승개 옮김, 《무량수경》 권상 (대정장, 12, 271b)의 주 20에서는 송宋, 원元, 명明 판본에서는 안락安樂으로 게재되어 있음을 말하고 있다.
49) 한보광 옮김, 《아미타경》, 여래장, 2000, 262쪽. 구마라십 옮김, 《아미타경》 (대정장, 12, 346c).

사리불이여, 그 세계를 어째서 극락이라고 하는가 하면, 그 나라의 중생들은 아무런 괴로움도 없고, 다만 모든 즐거운 일만 받으므로 극락이라고 하느니라其國衆生 無有衆苦 但受諸樂 故名極樂.

또한 사리불이여, 극락국토에는 일곱 겹으로 된 난간과 일곱 겹으로 된 나망과 일곱 겹으로 된 가로수가 줄지어 있는데, 모두 네 가지 보배로 이루어져 온 나라에 두루하기 때문에 극락이라고 하느니라.

라고 한다.[50)]

여기서는 극락이라고 하는 이유에 대해서 구체적으로 밝히고 있다. 왜 극락이라고 하는가 하면, 오직 즐거운 일만 있고, 괴로움이 없기 때문에 극락이라고 한다는 명쾌한 답을 하고 있다. 즉 절대의 즐거움, 괴로움이라는 이름조차도 들을 수 없는 세계임을 말하고 있다. 이는 정신적인 즐거움을 말하고 있다. 그리고 더 나아가서 물질적으로도 부족함이 없는 풍요로운 세계, 칠보로 된 세계, 모든 것이 보배로 이루어진 풍요로운 세계를 말한다. 상대적인 풍요가 아니라 절대적인 완전한 풍요를 말하고 있다. 이외에도 여러 곳에서 극락에 대한 표현을 하고 있는데, 이를 요약한다면 정신적으로나 물질적으로 조금도 부족함이 없는 풍요로운 세계, 절대적인 풍요의 세계가 극락이라고 하고 있다.

---

50) 상동, 263쪽. 상동 (대정장, 12, 346c).

2) 전자동시스템의 세계

극락세계는 모든 것이 완전히 갖추어져 있다. 환경적으로 부족함이 없으며, 무엇이든지 생각하는 대로 이루어진다. 물질이 그곳의 대중들이 생각한 대로 이루어지는 세계, 이는 절대풍족에서 가능한 일이다. 사바세계는 항상 상대적이다. 그러나 극락세계는 절대적이므로 무엇과도 비교할 수 없고, 또 차별이 없는 세계다. 생각하는 대로 즉 염력念力을 그대로 인지하고 저절로 이루어진다. 오늘날 우리 사회는 TV채널을 바꾸고자 하더라도 리모컨을 눌러야 가능하다. 만약 시청자가 KBS를 보다가 MBC를 보고 싶으면 리모컨으로 조절이 가능하다. 그러나 몇십 년 전에는 리모컨이 아니라 직접 채널을 돌려야만 했다. 이때와 비교한다면 리모컨으로 조절하는 것도 상당히 편리한 세상이다. 그러나 예를 들면 극락세계의 생활은 생각만으로 텔레파시가 전해져 채널이 바뀐다는 것이다. 모든 생활조건이 생각으로 움직이는 세계다. 이를 전자동시스템의 세계라고 말할 수 있을지도 모르겠다. 그곳에 사는 대중의 생각을 인지하여 모든 것이 이루어지는 세계, 이것이 극락세계의 생활상태다.

그러나 사바세계에는 인간의 생각대로 되지 않는다. 인간의 욕구가 끝이 없고, 욕망이 한이 없다. 그것을 다 채워줄 세상은 없다. 가지면 가질수록 더 가지려고 한다. 이는 물질이 풍요롭지 못하기 때문에 인간의 욕망을 채워줄 수 없다. 그러나 극락세계는 물질이 완전히 풍요로운, 절대적인 풍요의 세계다. 그러므로 욕심을 부릴 필요가 없다. 탐욕을 내지 않아도 부족한 것이 없으므로 언제든지 가질 수 있다. 《무량수경》에 의하면,

아란아 저 불국토에 왕생하는 모든 사람들은 이와 같이 청정한 몸과 여러 가지 미묘한 음성과 신통력 등의 공덕을 구족하게 되며, 그들이 거처하는 궁전과 의복과 음식 및 여러 가지 미묘한 꽃과 향 등의 장엄구들이 갖추어져 있는데 이는 마치 육욕천六欲天에서 저절로 나오는 것自然之物과도 같으니라.

만약 음식이 먹고 싶을 때에는 칠보로 된 그릇이 저절로 앞에 나타나는데 금, 은, 유리, 자거, 마노, 산호, 호박, 명월주, 진주 등으로 만든 여러 가지 그릇들이 생각하는 대로 나타나고, 갖가지 맛있는 음식들이百味飮食 저절로 가득하게 되느니라.

라고 한다.[51]

왕생인들의 생활상태는 모든 것이 구족하게 갖추어져 있는 환경 속에서 생활한다. 불국토에는 물질적으로 조금도 부족함이 없는 세계다. 이와 같은 아름다운 것들은 인위적인 것이 아니라 저절로 생긴 것이다. ,

또한 음식을 먹고 싶은 생각이 들면 먼저 아름다운 칠보로 된 그릇이 나타난다. 그리고 그 그릇에는 자신이 먹고 싶은 갖가지 맛있는 음식이 저절로 가득 차게 된다고 한다. 극락대중의 생각대로 그릇과 음식이 나온다는 것이다. 이는 말로 주문하거나 손으로 만드는 것이 아니라 생각으로 되는 것이다. 즉 염력念力을 인지하여 그대로 된다는 것이다. 다시 말하면 생각을 인지하는 텔레파시로 모든 것이 이루어지는 세계다. 이어서 《무량수경》에서는,

---

51) 상동, 85~86쪽.

> 비록 이러한 음식이 있을지라도 실지로 먹는 것이 아니며, 다만, 그 빛깔과 향기를 보고 들어 마음으로 먹으면 자연히 배가 부르게 되느니라實無食者 但見色聞香 意以爲食 自然飽足. 몸과 마음이 유연해져서 맛에 탐착하지 아니하고 식사를 마치고 나면 그릇과 음식은 자연히 사라지며, 식사 때가 되면 다시 나타나느니라.

라고 한다.[52]

마음먹은 대로 그릇과 음식이 나오면, 음식을 먹는 방식이 사바세계의 방법과는 다르다고 한다. 이곳에서는 음식의 모양을 보고 만족하며, 향기를 맡고도 배부름을 느낀다고 한다. 우리가 음식을 먹는 방법에는 몇 가지가 있다. 음식을 이빨로 씹어서 먹는 것을 단식斷食이라 하고, 생각으로 먹는 것을 염식念食이라 하며, 눈으로 보는 것을 견식見食, 접촉으로 느끼는 것을 촉식觸食, 향기로 느끼는 것을 향식香食, 귀로 듣고 아는 것을 문식聞食이라고 할 수 있을 것이다. 이는 안 · 이 · 비 · 설 · 신 · 의의 육식六識으로, 음식 맛을 알고 느끼며 만족해 할 수 있다. 그런데 일반 중생들은 단식으로 먹어야 포만감을 느끼고, 만족해한다. 그러나 극락세계의 식사법은 생각만으로 만족해하는 염식念食이 중심이다. 이러한 염식을 하면서도 맛에 집착하거나 탐심을 내는 것은 아니라고 한다. 그리고 식사를 마치고 나면 가장 하기 싫은 것이 설거지다. 그런데 극락세계에는 식사 후의 설거지는 걱정할 것이 없다. 먹고 난 그릇은 저절로 없어졌다가 다시 식사 때가 되면 다시 나타난다고 한다. 이와 같이 극락세계

---

52) 상동.

의 모든 시설은 염력으로 통하는 전자동시스템의 세계다.

또한 극락세계의 의복, 음식, 장엄, 음악 등의 생활상태에 대하여 《무량수경》에서는,

> 무량수국에 있는 모든 천인들의 의복과 음식, 꽃, 향, 영락, 비단, 일산, 당번과 미묘한 음악과 거처하는 저택과 궁전과 누각 등은 각각 그 형색에 맞추어서 높고 낮으며, 크고 적으니라. 또 한 가지 보배나 두 가지 보배 내지 무량한 보배로 이루어졌는데, 그들이 바라는 대로 생각에 따라서 나타나느니라隨意所欲 應念卽至.

라고 한다.[53)]

극락세계의 음식뿐만 아니라 의복, 꽃, 향, 보배, 비단, 일산, 당번, 음악, 저택, 궁전 등 모든 생활환경에 대하여 설하고 있다. 앞에서는 주로 음식에 대해서 설명한 데 반하여 전반적으로 모든 생활환경은 왕생인의 생각대로 아름답게 꾸며진다고 한다. 저택과 궁전까지도 생각대로 되며, 음악과 장엄물도 생각한 대로 이루어진다고 한다.

이와 같이 극락세계의 모든 생활환경은 가장 이상적인 것으로 이루어진다고 한다. 우리들의 생각과 이상은 무한한데도 현실이 그러하지 못할 경우가 많다. 아무리 아름답게 꾸미려고 해도, 경제적인 능력이 미치지 못하면 불가능하다. 그러나 극락세계는 물질적으로 절대적으로 풍요로우며, 왕생인의

---

53) 상동, 90쪽.

생각대로 이루어지는 전자동시스템이 완비된 세계라고 한다.

이러한 아름다운 세계를 현실에서 구현하고자 한 것이 불국사와 석굴암이다. 대리석으로 만든 불국사 청운교, 백운교의 축대는 아름다운 예술의 극치를 이루고 있다. 그래서 불국사에 가면 바윗덩어리의 축대 밑에서 기념사진을 찍는다. 이는 단순한 바윗덩어리나 대리석이 아니라 아름나운 극락세계의 한 구조물로 보이기 때문일 것이다.

7. 결론

이상으로 불교의 이상적인 세계인 극락정토에 관해서 살펴보았다. 불교우주관의 이론적 배경의 중심철학은 창조론이 아니라 연기론이다. 초기불교에서는 인도의 우주관이었던 수미산을 중심으로 하는 천상의 세계를 수용하였지만, 후기 대승불교에서는 깨달음이 보장되는 정토의 세계를 설하고 있다. 이 중에서도 가장 수승한 정토인 극락세계는 불교의 가장 이상적인 유토피아다. 극락세계의 건립연기는 법장보살의 48대원으로 이루어졌으며, 그가 아미타불이 되어 주불로서 이상세계를 이끌고 있다.

극락세계는 의보장엄인 물질적인 풍요와 행복의 조건을 약 70퍼센트 정도 설하고 있으며, 정보장엄인 대중과 정신적인 안락을 30퍼센트 정도 강조하고 있다. 즉 물질이 절대적으로 완전히 풍요로우면, 그 나라 대중들은 깨달음을 속히 성취할 수 있다고 한다. 그래서 극락세계의 물질적인 장엄은 극치에 이르고 있다. 또한 지도자인 아미타불의 능력도 무량수 무량광으로 완벽하게 갖추고 있다. 뿐만 아니라 아미타불은 혼자만 존재하는 것이 아니고 모든 극락대중은 아미타불과 똑같은 깨달음을 성취하여 함께 되는 것이다. 즉 아미타불은 절대자가 아니고 모든 극락대중이 깨달음을 성취할 수 있도록 도와주는 존재다.

그리고 극락세계의 생활상태는 모든 것이 생각으로 이루어지는 염력念力의 세계, 텔레파시로 서로 소통되는 세계다. 즉 전자동시스템이 이루어진 세계라고 할 수 있다.

사바세계의 죄 많은 중생이 극락에 왕생하는 방법도 누구나 실천할 수 있는 가장 쉬운 수행법으로 제시하고 있다. 즉 아미타불의 명호를 열 번만 불러도 왕생往生할 수 있다고 한다.

이와 같이 불교에서는 이곳에서 서방으로 십만억 국토를 지난 곳에 극락세계와 아미타불이 분명하게 계신다고 설하고 있다. 그런데 불교인들 중에는 이를 믿지 않고 내 마음에 극락이 있다고 하는 유심정토唯心淨土만을 주창하는 이들이 있다. 이는 참으로 경계해야 할 일이 아닐 수 없다. 오히려 천문학자들은 불교의 우주관에 대해서 많은 관심을 가지고 있지만, 불교인들 중에 서방정토 극락세계를 믿지 않고 마음의 극락만을 강조하고 있는 것은 문제점이 아닐 수 없다.[54]

54) 이시우, 《붓다의 세계와 불교 우주관》, 민족사, 2010, 240쪽.
이시우, '천문학에서 본 불교우주관' 《정토학연구》 14집, 한국정토학회, 2010.12, 160쪽.

참고문헌

• 불타야사 · 축불념 옮김, 《장아함경》 권18 (대정장1) (대정장: 대정신수대장경의 약어)
• 사나굴다 옮김, 《기세경》 (대정장1)
• 달마급다 옮김, 《기세인본경》 (대정장1)
• 강승개 옮김, 《무량수경》 (대정장12)
• 강양야사 옮김, 《관무량수경》 (대정장12)
• 구마라습 옮김, 《아미타경》 (대정장12)
• 《유마경》 (대정장14)
• 한보광 옮김, 《무량수경》, 여래장, 2000
• 한보광 옮김, 《관무량수경》, 여래장, 2000
• 한보광 옮김, 《아미타경》, 여래장, 2000
• 한보광, '아미타불 신앙이란 무엇인가', 《불교와 문화》 35호, 불교진흥원, 2000.7.1
• 한태식(보광), '서방정토 극락세계의 존재에 관한 연구', 《정토학연구》 14집, 한국정토학회, 2010.12
• 김동화, 《불교학개론》, 보련각, 1984
• 쓰보이 준에이 지음, 한보광 옮김, 《정토교개론》, 홍법원, 1984
• 한보광, 《신라정토사상 연구》, 일본 동방출판, 1991
• 이시우, '천문학에서 본 불교우주관', 《정토학연구》 14집, 한국정토학회, 2010.12
• 이시우, 《붓다의 세계와 불교 우주관》, 민족사, 2010

'대동大同' 을 향한 꿈, 유학의 이상사회

고재석
성균관대학교 유학대학 조교수

1. 고장 난 새로운 세상에 대한 꿈, '유토피아Utopia'

'유토피아Utopia' 는 1516년 토머스 모어Thomas More가 출판한 소설《가장 나은 사회 상태 또는 새로운 섬 유토피아에 대하여De optimo reipublicae statu, dequenova insula Utopia》에서 유래한다. 그는 당시 자신이 경험한 영국정부의 과도한 엄벌주의, 부자들의 불법과 독점, 사회적 불평등, 화폐에 대한 욕망 등의 사회현실을 비판하고, 가상의 인물 라파엘 히슬로다에우스가 들려준 유토피아 섬의 법과 관습을 토대로 자신의 이상사회에 대한 열망을 보여주었다.

'Utopia' 는 두 단어의 합성어다. 그리스어에서 'u' 는 '없다ou' 의 뜻과 '좋다eu' 의 뜻을 함께 지니고 있다. 'topia' 는 장소를 의미한다. 그래서 유토피아는 이 세상에 '없는 곳outopia' 이기도 하고, '좋은 곳eutopia' 이기도 하다. 실제 모어는 유토피아를 처음에는 '어디에도 없는 곳' 이라 하였다가, 나중에는 존재하지는 않지만 '좋은 곳' 이라 불렀다. 유토피아는 르네상스인들이 현실에 대한 끝없는 절망을 토로함과 동시에, 신의 섭리가 아닌 인간의 의지로 영원히 추구할 수밖에 없는 이상을 그려낸 미래의 기억이다.

《유토피아》의 영향은 유럽 전역을 휩쓸 정도로 폭발적이었다. 시공을 초월해 서로가 꿈꾸는 자신만의 유토피아를 각기 다른 문학작품의 형태로 표현하였다. 이탈리아 반체제 수도승인 토마소 캄파넬라가 편찬한《태양의 도시The City of the Sun》(1623)와 영국 근대 철학의 창시자 프랜시스 베이컨이 저술한《새로운 아틀란티스The New Atlantis》(1627)가 그중의 하나다.

캄파넬라는 태양이라 불리는 군주가 다스리는 사회는 모든 주민이 하루에 네 시간 일하지만 빈곤이 존재하지 않고, 국가에서 아이들의 출산과 교육을 관장하므로 가족제도가 없고 사유재산도 없는 이상사회라고 하였다. 반면, 베이컨은 유토피아와 다른 새로운 섬 '아틀란티스Atlantis'를 설정하고, 인간의 불행은 빈곤으로부터 비롯된다고 보고, 과학기술로 사회를 진보시키고 생산을 증대해 인간의 욕구를 최대한 충족시키는 과학적 유토피아를 상상하였다. 과학지식은 자연에 대한 지배력을 갖게 해 인류에게 풍요로운 삶을 보장해 주므로, '아는 것은 힘'이 되고, 자연과학을 연구하지 않으면 인류의 진보도 없고 철학의 발전도 없다.

놀랍게도 베이컨이 새로운 섬 아틀란티스에서 열망했던 이상은 서구유럽뿐만 아니라 현대문명을 사는 동아시아인의 삶에까지 영향을 미쳐, 우리의 일상을 규정하는 기본 전제로 자리매김하였다. 우리는 현재 과학기술과 자본주의가 결합된 산업문명의 혜택 아래 인류 역사상 가장 풍요로운 물질문명과 소비의 시대를 살고 있다.

그런데 과연 우리는 베이컨이 열망했던 이상적 삶을 살고 있는가? 아쉽게도 대답은 부정형이 더 많다.

실제 우리는 베이컨의 의도대로, 자연과학의 발전에 따라 수학적 이성을 발전시켰고, 인간은 신을 대신하여 실재를 규정하는 존재자의 주인으로 자리매김하였다. 자연은 인간에 의해 제작 가능한 대상이며, 수학과 과학적 방법으로 수량화가 가능한 기계에 불과했다. 따라서 착취와 파괴가 서슴없이 자행되었다. 환경오염 · 지구온난화 · 자원고갈 · 난치병 증가 등은 이미 보기 드문 일이 아니다.

또한 '인간은 이기적 존재' 라는 이념으로 무장한 자본주의가 과학기술 만능주의와 결합하면서 그 믿음이 굳어졌고, 이기적인 것이 합리적인 것이자 이성적인 것이라는 공식을 낳았다. 하지만, 신자유주의로 무장한 자본주의는 모든 사람들을 만족시키는 이상사회를 추구하지만, 더 이상 모두가 만족할 수 없는 '디스토피아Distopia' 를 안겨주고 있다. 오히려 인류는 이기주의와 무한경쟁으로 병들어가고 있으며, 경제침체와 불평등이 지속되는 양극화만 가속되고 있다.

게다가 인간을 교육시키면 무지몽매함에서 벗어나 훌륭한 이성적 존재로 거듭난다고 믿었던 근대는, 자기생각 · 자기교육 · 자기실현을 강조하는 개인주의를 유럽 전역으로 확대하였지만, 지나치게 파편화된 개인을 양성해 인간소외와 공동체 붕괴 현상을 발생시켰다. 계몽을 이루어낸 유럽은 문명과 야만이라는 공식으로 제3세계를 구분하고, 폭력을 앞세운 제국주의를 그곳에 확산시켰다. 여전히 현재에도 서구우월주의는 유효한 실정이다.

이제 우리는 기존의 개념과 가치기준을 근본적으로 수정하여 새로운 유토피아를 꿈꾸지 않으면 안 되는 시점에 와 있다. 이성 · 합리성 · 자본주의 · 민주주의로 무장한 근대적 가치와 제도는 이미 자생적으로 치유할 수 없을 만큼 문제점을 드러내고 있다. 따라서 근대 서구의 과학기술 문명관과 산업사회의 개발 및 성장이데올로기는 재규정이 불가피해졌다. 이것은 학자들의 추상적인 공론空論에 지나지 않는 것이 아니라, 사유방식의 혁명적 전환이 없다면 파멸로 치달을 수밖에 없다는 절박한 자각에서 비롯된 전 지구적 공론公論이다.

물론 사유의 근본적 전환은 또다시 다원화된 가치가 말살되고 오로지 하나의 방식으로 주도되는 것이 아니라, 다원성이 존중되면서도 조화를 이루는 평화적 방식으로 논의되어야 한다. 이런 점에서, 수천 년간 동아시아 사유의 근간으로 작동해 왔던 유학은 우리에게 새로운 세계에 대한 동아시아적 유토피아의 이상을 제시할 수 있을 것이라 본다.

2. 유학의 이상사회, '대동大同'

유학에서 지향하는 유토피아는 '대동사회'로 규정된다. 《예기禮記》 '예운禮運' 편에 이에 대한 상세한 기록이 보존되어 있다.

> 큰 도道가 행하여지자 천하를 공公으로 여기고, 어질고 능력 있는 인물을 골라 지도자로 삼았고, 신의를 가르치고 화목을 두텁게 하였다. 그러므로 사람들은 각자의 부모만을 부모로 여기지 않았고, 각자의 자식만을 자식으로 여기지 않았다. 노인은 여생을 편안히 마칠 수 있게 하였고, 장년은 일할 수 있게 하였으며, 어린이는 마음껏 성장할 수 있게 하였고, 홀아비와 과부, 고아와 자식 없는 늙은이, 장애인과 질병에 걸린 사람들은 모두 부양받을 수 있게 하였으며, 남자는 직분을 갖게 하였고, 여자는 결혼하여 가정을 이루게 하였다. 재화가 헛되이 땅에 버려지는 것을 미워하였지만, 사사로이 독점할 필요가 없었고, 노동이 사람의 몸에서 나오지 않는 것을 싫어하였지만, 굳이 자기 자신만을 위하여 일할 필요도 없었다. 이렇기 때문에 간사한 꾀는 막혀 일어나지 않았고, 절도나 난적이 생

기지 않아 바깥문을 닫는 일이 없었다. 이러한 세상을 일러 대동이라 한다.[1]

대도가 온전히 실현되는 대동사회는 공정公正함이 최고의 가치로 중시되는 사회로, 국가의 권력도 세습이 아닌 능력과 인품에 따라 선양되고, 도덕성에 기반한 신뢰가 구축되는 사회다. 이에 사람들은 가족에 대한 사랑을 자연스럽게 사회적으로 확대할 수 있고, 각자 제자리에서 자기본분에 힘쓸 수 있으며, 사회적 약자를 배려할 수 있고, 독점이 아닌 균등한 분배가 이루어지는 경제활동을 향유할 수 있으며, 도적과 전쟁이 일어나지 않는 평화로운 사회를 이룩할 수 있다.[2]

사실 '대동' 이란 말이 처음으로 출현한 것은《서경書經》'홍범洪範' 에서다.[3]

---

1) 《예기》'예운' : 大道之行也, 天下爲公, 選賢與能, 講信修睦. 故人不獨親其親, 不獨子其子, 使老有所終, 壯有所用, 幼有所長, 矜寡孤獨廢疾者, 皆有所養, 男有分, 女有歸. 貨惡其棄於地也, 不必藏於己, 力惡其不出於身也, 不必爲己. 是故謀閉而不興, 盜竊亂賊而不作. 故外戶而不閉, 是謂大同.

2) 《중국대동사상연구中國大同思想研究》를 보면, 《예기》'예운' 의 대동사상은 유가 · 묵가 · 도가 · 농가 · 음양가 등의 고대사회사상을 집대성한 것이고, 공자의 70제자의 후예들과 전국말 · 진한 교체기의 예가禮家들이 공동으로 완성한 것이므로, 대동사상을 공자의 핵심관점으로 보는 것은 부당하다고 보고 있다.(진정염 · 임기담 지음, 이성규 옮김, 《중국대동사상연구》, 지식산업사, 1990. 128~129쪽.) 반면, 김기주는 '예운' 편이 완성된 시기가 전국시대말기에서 진한 교체기이므로, 대동과 소강을 당시 시대상황과 연결시켜 이해해야 한다고 주장한다. 즉 대동은 '대통일' 에 대한 시대적 요청을 반영한 것이고, '소강' 은 혈연적이고 지방 분권적인 지배체제에서 군현제에 토대를 둔 중앙집권적 지배체제로의 변화나 지향을 반영한 것이므로, '예운' 의 대동사상은 공자의 본의를 전하기보다 시대적 요청에서 비롯된 역사적 산물이라는 것이다.(김기주, '대동과 소강, 이상과 현실의 이중주' , 《유학연구》 제21집, 충남대유학연구소, 2010.) 하지만 여기서는 '대동' 이 제자백가의 사유가 가미된 저작이든, 역사적 산물이든 간에, '예운' 에서 제시하고 있는 도가 실현되는 이상사회는 공자가 꿈 꾼 이상사회와 큰 맥을 같이한다고 단정하고, 유학의 이상사회의 범주로 포함시켜 논의하였다.

"너에게 큰 의심이 생기면, 너의 마음에 되물어 보고, 경사들과 의논하고, 뭇 백성들과 상의하며, 복서卜筮에게 물어보아라. 너의 마음이 동의하고, 거북점과 시초점이 지지하며, 경사들이 인정하고, 뭇 백성들이 따르면 이를 일러 대동이라 한다."[4)]

국가의 대사가 있게 되면 먼저 자기 자신에게 물어보고, 경대부와 백성에게 물어보고, 점을 쳐서 하늘에 물어보아 하늘과 땅과 인간이 공감하고 모두 혼연일체가 되어, 지극히 공정하고 사사로움이 없어야만 비로소 올바른 정치가 가능하다는 것이다.

훗날 '대동'은 유학에서 이루고자 하는 이상사회의 핵심개념으로 부각되었다. 주목할 만한 것은, '예운'이든 '홍범'이든 '각각 지향하는 이상사회의 형태가 실현 불가능한 줄을 알면서도 하는 자'[5)]라는 비난을 받으면서까지 평생을 실현하고자 노력한 공자의 이상사회와 큰 맥을 같이한다는 것이다. 그러면 공자가 꿈 꾼 유학의 이상사회는 어떠한 모습이었는가?

---

3) '홍범'의 제작연대를 일부에서는《예기》보다 후대의 기록이라고 주장하기도 한다. 이에 대해 여기서는 논외하기로 한다. 다만, '홍범'에서 채택하고 있는 문화적 계보는 분명 조상숭배문화가 농후한 상나라와 이족계열에 속한다. 물론 '대동'이란 언급이 '예운'에서도 보이지만, 그 구도는 '홍범'과 확연히 차이 나므로, 문명 흐름상 '예운'보다 먼저 출연했다고 보는 것이 타당할 것이다.

4)《서경書經》'홍범洪範': 汝則有大疑, 謀及乃心, 謀及卿士, 謀及庶人, 謀及卜筮. 汝則從, 龜從, 筮從, 卿士從, 庶民從, 是之謂大同.

5)《논어論語》'헌문憲問': 子路宿於石門, 晨門曰: "奚自?" 子路曰: "自孔氏." 曰: "是知其不可而爲之者與!"

3. 공자가 지향한 이상사회

1) 지금 바로 여기에서 모두가 이룰 수 있는 꿈

(1) 공자 이전 : 하늘과의 수동적 소통, 그리고 그 권한의 독점

공자가 지향했던 이상사회에서 가장 눈에 띄는 것은 대동사회가 현세에서 실현 불가능하고 사후 하늘나라에서나 맛볼 수 있는, 말 그대로의 '이상'이 아니라, 지금 바로 여기에서 완벽하게 실현될 수 있다는 것이다. 이는 유학의 출발점 자체가 하늘세계와 인간세계의 구분이 불분명하고 서로 합일되어 있기 때문에 가능하다.

물론 조화롭고 평화로운 세계가 아득히 먼 저곳彼岸에서만이 아니라, 내가 발 딛고 있는 바로 이곳此岸에서 실현가능하다는 관념은 이미 하 · 상 · 주 삼대를 넘어 고대 신화시기에서부터 있어 왔다. 조상숭배 풍습이 사회전체의 사상 · 문화를 주도하고 있던 이족夷族 계열의 문명과 상나라 초중기의 문화는 하늘세계와 인간세계가 분리되어 있지 않아, 누구나 쉽게 제사와 무속의 힘을 빌려 하늘과 소통할 수 있었고, 하늘의 의지대로 현실을 만들어 갈 수 있었다.[6)]

그러다 상나라 후기에 이르면서 '제帝' 또는 '상제上帝'라는 관념이 대두되어, 절대권능을 지닌 지상신至上神의 권위가 확보되기 시작했다. 복사에 '천天'에 대한 언급이 나오기는 하지만, 신성을 지닌 '상천上天'의 의미는 없는 것으로 보아, 상나라 후기 이후 최고 주재자로서의 관념은 상제가 유일했음을 짐작할 수 있다. 상제는 바람風 · 우레雷 · 번개電 · 구름雲 · 비雨의 다섯 신하를 부리고, 인간 세상의 농경 · 도시건설 · 전쟁 · 길흉 등을 관장하였다. 왕의 시호 앞에 '제'를 붙여 '조갑祖甲'을 '제갑帝甲'으로 '무정武丁'을 '제정帝丁'으로 고친 것도, 자신의 조상이 상제와 동일한 권능을 지니고자 하는 소망을 반영한 것이다.

주나라에 이르자, 상제 관념은 쇠퇴하고, 인간세계와 자연세계를 주재하는 인격적이고 의지적이며 초월적인 존재로 천 관념이 부각되었다. 진소방陳筱芳은 '제는 상나라 시조신이고, 천은 주나라 시조신이므로, 갑골 복사에는 절대권능을 지닌 신으로서의 천 개념이 등장하지 않았다'고 주장한다. 주나라가 상나라를 무력으로 정복한 후, 자신들의 시조신 천을 상제와 함께 동일한 의미로 사용하였고, 서주시기에 이르러 상제개념이 사라지고, 천 개념만 남게 되었다는 것이다. 이는 자신들의 시조신을 모든 신보다 뛰어난 절대권

---

6) 김성기는 《상서尙書》 '여형呂刑'과 《국어國語》 '초어楚語'에 기록된 '절지천통絶地天通' 고사를 분석하며, 고대 원시적 신앙형태의 특성을 다음과 같이 분석하였다. "당시에는 사람마다 귀신에게 제사지내고, 집집마다 모두 무사巫史가 있었다. …… 만물에 모두 신령함이 깃들어 있다는 '만물유령萬物有靈'의 단계였으므로, 유일신이나 독점화된 종교적 신령도 존재하지 않았다. 이것이 바로 '민신부잡民神不雜'의 상황이고, 이 시대는 종교학상으로 토테미즘, 애니미즘, 샤머니즘의 단계로 추정이 가능하다. …… 사람이 스스로 무사가 되면, 인간과 신이 직접 소통을 할 수 있고 직접 대화가 가능하며, 귀신을 향하여 기복행위를 할 수 있다. 반대로 귀신도 직접 사람들의 의지와 심원을 청취할 수 있다. 천신과 인간이 상호 소통이 가능하고 사람들의 뜻이 자유롭게 천신에게 전달되며, 천신의 뜻도 사람들에게 잘 전달되는 것이다. 이것을 '민신잡유民神雜糅' · '민신동위民神同位'의 현상으로 표현하였다."(김성기, '선진유학의 본질을 어떻게 재해석할 것인가', 《유교사상연구》 제29집, 한국유교학회, 2007.)

능을 지닌 신으로 승격화한 결과 때문으로 볼 수 있다.[7]

당시 상제와 천은 인간세계 저 너머에서 이상적 사회의 조건과 기준을 모두 갖추고, 인간세상을 자신의 의지대로 관리하는 주재자였다. 이에 상제와 천에 대한 숭배는 하늘의 뜻을 정확히 파악해 그 뜻대로 인간세계를 다스리겠다는 일종의 정치적 활동이자 종교적 활동이었다.

주목할 만한 것은, 상나라와 주나라에서 각기 선택한 하늘과 소통하는 방식에서 차이가 난다는 점이다. 상나라에서는 조상이 죽으면 '상제의 조정'帝廷에 돌아간다고 믿었다. 갑골복사에 '빈어제賓於帝'가 나오는 것도 조상신이 상제의 영원한 손님이었음을 말해준다. 그들은 선조에 대한 제사나 점을 통해 자기의 염원을 상제에게 전달하고, 이를 통해 상제의 보호를 받는다고 여겼다.[8] 그러므로 그들은 제사나 무당의 도움을 통해 상제의 뜻을 읽어내고, 현실을 하늘의 의지대로 실현시키기 위해 노력하였다.

주나라에서는 '천명天命' 관념을 등장시켜, 인간과 하늘의 새로운 소통 가능성을 열어놓았다. 주나라의 조상신과 천의 관계를 두고, 장광직張光直은 주나라로 들어서면서부터 주인周人들은 '상제' 관념을 '천' 관념과 결합시켜 조상들의 세계와 명확한 경계선을 지었고, 더 이상 조상신이 천과 서로 상합할 수 없도록 그 가능성을 완전히 끊어버렸다고 보고 있다.[9] 이제 조상신에게

7) 진소방, '제 · 천관계적연변帝 · 天關係的演變', 《서남사범대학학보西南師範大學學報》, 2004.
8) 장광직, 《중국청동시대》, 삼련서점, 1999.
9) 장광직, 위의 책.

제사를 드리거나 기도하는 방식으로는 천명을 받을 수 없다. 천명은 왕권의 세습으로 물려받는 것이 아니라, 덕 있는 사람에게 돌아가는 것으로, 뛰어난 무당이나 권력을 소유하지 않고도 획득할 수 있는 유동적인 것이다. 이것은 달리 보면 주나라가 전쟁에서 승리하기 전에는 결코 상나라 왕실에서 독점했던 무당을 소유할 수 없었던 것에 대한 불만을 표출한 것일 수도 있고, 무력으로 상나라를 정복한 주나라가 자신들의 행위를 정당화시키기 위해, 상나라의 임금만 하늘과 소통할 수 있던 권한이 덕 있는 사람에게 돌아간다는[10] 명분으로 바꾸어 놓은 것이라 할 수도 있다.

어쨌든 이제 하늘의 의지는 뛰어난 무당이나 제사 없이도 도덕성을 갖춘 성군聖君을 통해 확인할 수 있게 되었고, 왕은 자신의 의지가 곧 하늘의 의지이며 자신이 건설하는 사회가 하늘세계와 같은 이상세계라 확신하고, 전쟁도 불사하며 이를 추진하였다.

다만, 상나라 말기나 주나라 초기의 사회문화 속에서 이상사회를 실현하는 권한이 매우 제한적으로 주어졌음을 눈여겨보아야 한다.

우선 상나라 후기에는 상제와 소통할 수 있는 능력을 왕이 독점하기 시작하였다. 무巫의 직책이 전문화되면서, 왕은 무당을 통제하고 독점해 백성들이 상제와 소통할 수 있는 통로를 차단하고, 무당의 중개를 통해 상제와 감통할 수 있는 길을 자신만 장악하고 권력을 유지하였다.

주나라 역시 천명을 받은 임금만이 하늘과 소통 할 수 있는 권한을 독점하

---

10) 《서경》, '고도모皐陶謨' : 천명유덕天命有德.

였다. 《국어國語》 '초어楚語' 를 보면, 주나라 소왕昭王 시기 주나라 문화에서 천인관계가 단절되고 독점화되는 과정이 잘 드러나 있다.

> 옛날에는 사람과 귀신의 일이 어지럽게 혼동되어 있지 않았습니다. …… 그러므로 신神이 복을 내려 주고 백성은 제물을 바쳐 제사를 드렸습니다. 이로 인해 재화災禍가 이르지 않고 재물이 모자라지 않았던 것입니다. 하지만, 소호씨가 쇠함에 이르러 구려九黎가 덕을 혼란스럽게 하자, 사람과 귀신의 일이 마구 섞여 분별할 수 없게 되었습니다. 사람마다 각각 제사를 드리고 집집마다 무사를 두었습니다. …… 그러다가 전욱이 왕권을 받자 남쪽의 우두머리인 중重에게 명하기를 하늘을 주관하여 귀신들로 하여금 각자의 위치에 거하도록 하였고, 북쪽의 우두머리인 려黎에게 명하기를 땅을 주관하여 사람들이 자기의 본분에 충실하도록 함으로써 옛날의 도리를 회복하고 서로 침범함이 없도록 하였으니, 이것을 일러 '절지천통絕地天通' 이라고 하는 것입니다.[11]

이 고사에 따르면, 주나라 화하부족 계통의 전욱顓頊은 구려九黎를 대표로 하는 동이부족을 전쟁에서 물리치고 가장 먼저 시행한 일이, 누구나 하늘과 소통할 수 있는 권한을 빼앗고 그 능력을 독점한 것이다. 아마도 소왕은 당시

---

11) 《국어》 '초어(하)' : 古者, 民神不雜, 民之精爽, 不攜貳者. …… 故神降之嘉生, 民以物享, 禍災不至, 求用不匱. 及少皞之衰也, 九黎亂德, 民神雜糅, 不可方物. 夫人作享, 家爲巫史. …… 顓頊受之, 乃命南正重司天以屬神, 命北正黎司地以屬民, 使復舊常, 無相侵瀆, 是謂絕地天通.

상나라 유민들이 여전히 집집마다 제사나 무당을 통해 제멋대로 지고무상한 천과 소통하고, 현세의 삶을 하늘세계의 뜻대로 살아간다고 하는 모습에 불만이었던 모양이다. 이는 곧 통치자의 권위를 상징하던 하늘과 소통할 수 있는 권한을 침범하는 일이기도 하며, 향후 왕권과 국가의 존속을 위협하는 중대한 모반謀反 범죄에 해당하기도 한다. 소왕은 신인관계에 대한 질문을 통해 천명을 받은 자신만이 하늘과 소통해야 하고, 하늘의 뜻대로 백성을 통솔하고 국가를 경영하여 이상사회를 건설해야 한다는 자신의 의도를 은연중에 내비친 것이다.

이와 같이 상나라 말기와 주나라 초기에는 비록 하늘과 인간세계의 소통의 길이 열려있다 할지라도, 그 권한은 매우 제한적으로 적용되어 아무나 하늘의 뜻을 읽어낼 수 없었다. 제사와 무당을 통제할 수 있거나, 천명을 받은 임금만이 그 권한을 독점하여, 하늘의 뜻대로 인간세계를 이상사회로 만들어갔던 것이다. 또한 하늘의 의지를 파악하는 임금이라 할지라도, 여전히 하늘의 모습을 내재하고 있는 주체적 존재라기보다는, 외재하는 하늘의 명령을 기다릴 수밖에 없는 수동적 존재에 불과하였다.

(2) 공자의 선택 : 하늘과의 주체적 소통, 그리고 그 권한의 확대

그런데 공자에 이르면 하늘의 뜻을 읽어내는 방식과 그 소통을 이루는 주체에 대해 혁명적 전환이 시도된다. 물론 이것은 당시의 시대변화와도 연관이 있다. 서주 말기부터 춘추시대를 거치면서 숱한 변란의 고통을 겪은 일반 백성들은 더 이상 천에 대해 신앙심을 갖지 못하였고, 서주 후기 왕이 포악한 정치로 덕을 잃자, 천명사상까지 불신하고 회의하는 태도를 보였다. 공자는 이러한 천에 대한 동요가 일어나는 춘추시대의 사상적 전환기를 목도하면서, 제사나 무당, 혹은 명령 등의 수동적인 태도로 하늘의 뜻을 읽어내는 것이 아니라, '천의 내재화' 라는 능동적 방식으로 전환하여 주체적으로 하늘과 소통하였고, 혼자만 독점하는 형식이 아니라 모든 사람이 공유하여 누구나 하늘의 뜻을 알 수 있는 방식을 선택하였다.

《논어》에 공자가 송나라를 지날 때 환퇴가 자신을 해치려고 하자, 공자가 언급한 말이 기록되어 있다.

> 하늘이 덕을 나에게 주셨으니 환퇴가 나에게 어찌하겠는가?12)

하늘의 모습은 인간에게 있어 꾸준한 자기성찰과 노력으로 확충된 덕을 통해 구현된다. 덕을 완성하기 위해 부단히 노력한 공자의 입장에서 보면, 소인배 같은 환퇴 따위의 위협은 두려움의 대상이 아니다. 오직 각자의 마음속에 내재된 하늘의 법칙대로 살지 못하는 것이 걱정스러울 뿐이다. 그러므로 이러한 위기상황이나 큰 병에 걸려 생명이 위급한 상황을 만나더라도 공자는 무당을 불러 굿을 하거나 하늘에 제사를 드리고 정성스럽게 복을 구하는 기도를 하지 않았다.13) 각자의 마음속에 내재되어 있는 하늘의 법칙을 주체적

---

12) 《논어》 '술이' : 子曰 : "天生德於予, 桓魋其如予何?"

13) 《논어》 '술이' : 子疾病, 子路請禱. 子曰 : "有諸?" 子路對曰 : "有之, 誄曰 : '禱爾于上下神祇.'" 子曰 : "丘之禱久矣."

으로 자각하고 그것대로 살기 위해 노력하는 것이 무엇보다 중요했기 때문이다. 그가 이상사회를 이룬 요임금을 두고 "위대하도다! 요의 임금노릇 하심이여! 우뚝하게 오직 저 하늘만이 큰데, 오직 요임금만이 평준이 되셨으니, 넓고 넓어 백성들이 무어라 형용하지 못하는구나!"[14]라고 한 것도, 요임금이 자신에게 내재된 하늘의 모습을 밝히고, 그것에 따라 태양이 만물을 차별 없이 비추듯 천하를 공정하게 다스렸기 때문이다.

공자의 이러한 인간주체에 대한 선언은 하늘과 소통할 수 있는 '천명'이 통치 권력을 유지하려는 임금만이 독점할 수 있는 것이 아니라, 사람이면 누구나 선험직으로 지닐 수 있는 보편적인 것임을 의미한다. 신분고하를 막론하고 누구나 마음속에 내재된 지극히 선한 가치 '인仁'을 실현하고자 한다면 인은 곧 완성되어,[15] 지금 바로 여기에서 이상사회를 완성할 수 있는 것이다.

그래서 유학에서는 이상사회가 한 번도 있어보지 않았거나, 죽음 이후에 비로소 경험할 수 있는 아득히 먼 꿈만이 아니라, 현실에서 반드시 실현가능하고 이미 실현되었던 '과거의 기억'이다. 《중용》에서 공자를 두고 "요순의 도를 핵심으로 삼아 드높였고, 문왕·무왕을 법으로 지켰으며, 위로는 천시를 본받았고, 아래로는 땅의 이치를 따랐다"[16]고 한 것도, 유학에서 그리던 이상사회가 바로 과거 요순시기에 해당하고, 선조들의 역사적 경험을 회복하는 것이 그의 평생 염원이자 사명이었음을 말해준다.

---

14) 《논어》 '태백' : 子曰 : "大哉, 堯之爲君也! 巍巍乎唯天爲大, 唯堯則之. 蕩蕩乎民無能名焉."
15) 《논어》 '술이' : 子曰 : "仁遠乎哉? 我欲仁, 斯仁至矣."
16) 《중용》 : 仲尼, 祖述堯舜, 憲章文武, 上律天時, 下襲水土.

2) 나와 너 그리고 천지자연이 하나 된 세상

(1) '인仁'에 의거해 유기적으로 연결된 사회

'예운'과 '홍범'에서 대동사회의 가장 큰 특징을 공통적으로 제시하고 있는 것은 바로 큰 도가 행해지는 사회, 혹은 하늘과 땅과 인간이 모두 공감하는 지극히 공정한 정책이 집행되는 사회이다.

흥미로운 것은《논어》에서 보이는 이상사회의 조건도 개념만 다를 뿐 본질은 동일한 '인'이라는 보편가치가 중시되는 사회이다.

제자 자공이 "만일 백성들에게 널리 베풀고 많은 사람을 구제할 수 있다면 어떻습니까? 인이라고 말할 수 있습니까?"라고 묻자, 공자는 "어찌 인을 일삼는 정도겠는가? 반드시 성인일 것이다. 요임금과 순임금도 오히려 부족하게 여기셨다"[17]고 했다. 모든 백성들을 구제할 수 있을 정도로 천하에 인을 확대하는 것은 요순임금도 실현하지 못할까 평생을 염려하며 완성하기 위해 노력한 이상사회의 모습이다.[18] 그만큼 인은 요순시기의 이상사회에서도 가장 중요한 핵심가치로 여겨졌다.

그렇다면 인은 구체적으로 어떤 특성을 지니고 있는가?《논어》를 보면, 공자는 제자들의 특성이나 자질, 학문수준 등에 따라 각기 다른 방식으로 인을

---

17)《논어》'옹야' : 子貢曰 : "如有博施於民而能濟衆, 何如, 可謂仁乎?" 子曰 : "何事於仁, 必也聖乎! 堯舜其猶病諸."

18) 공자는 또 자신의 마음을 경敬으로 닦고, 이를 토대로 천하의 모든 백성을 평안하게 하는 것이 요순이 실현하려 했던 이상사회라고 말하기도 하였다.(《논어》'헌문' : 修己以安百姓, 修己以安百姓, 堯舜其猶病諸.)

설명하였다.

- 사사로운 욕심을 이겨내어 본성으로 돌아가는 것이다.[19]
- 사람을 사랑하는 것이다.[20]
- 내가 하고 싶지 않은 일을 남에게 시키지 않는 것이다.[21]
- 인자는 자기가 서고자 하면 남을 서게 하며, 자기가 통달하고자 하면 남을 통달하게 한다.[22]

인은 '너와 나 그리고 천하 모든 사람이 유기적으로 연계된 존재임을 가능하게 하는 내면의 가치' 라고 정의할 수 있다. 비록 육체적 몸만을 보면, 인간은 하나도 같은 점이 없을 정도로 독립적이고 개별적인 존재이지만, 내면에 내재된 인은 모든 존재자가 동일하게 갖추고 있는 보편적인 가치이자, 모든 사람이 일체적 존재임을 확인할 수 있게 하는 근거이다. 이에 나와 남의 본심에서 우러나온 '하고 싶은 것所欲' 은 서로 다르지 않다. 내가 바라는 것도 남이 원하는 것이고, 내가 바라지 않는 것도 남이 원치 않는 것이다. 인간의 본래 모습은 나 혼자만의 육체적 삶을 살지 않고, 사욕을 극복하여 나의 본래 마음을 회복하고, 그 마음을 미루어 남을 아끼고 사랑하며 조화로운 관계를 완성

19) 《논어》 '안연' : 顔淵問仁, 子曰 : "克己復禮爲仁."
20) 《논어》 '안연' : 樊遲問仁, 子曰 : "愛人."
21) 《논어》 '안연' : 仲弓問仁, 子曰 : "己所不欲, 勿施於人."
22) 《논어》 '옹야' : 夫仁者, 己欲立而立人, 己欲達而達人.

하는 것이 된다.

그렇다보니, 공자에게 있어 '자유'는 서구사회에서 말하는 자유와 정의부터가 다르다.[23] 그는 말했다.

"일흔 살에 마음이 하고자 하는 바를 좇아도 법도를 넘지 않았다."[24]

자신의 마음에서 원하는 대로 하였다는 것從心所欲 종심소욕은 그저 남의 구속이나 제약에서 벗어나는 육체적 자유를 말하는 것이 아니라, 내재적 가치인 인에 의해 행동하는 '도덕적 자유'를 지칭한다. 또한 공동체의 법도에 어긋나지 않았다고 하는 것不踰矩 불유구은, 개인의 자유를 말할 때 반드시 인간 삶의 다른 중요한 영역인 '사회성sociality'에 해당하는 사회적 규범이나 사람들의 가치판단을 함께 고려해야 한다는 의미다.

즉, 유학에서 개인은 인을 지니고 있고, 이는 공동체와의 조화로운 관계완성의 근거이므로, 사회로부터 분리된 원자화된 개인의 절대적 자유나 자율성은 허구에 불과하다. 인의 회복과 이에 의거해 타인과의 조화로운 공존을 이

---

23) 근대화를 이루어낸 서구사회는 인간은 누구나 천부적 권리로서 '개인의 주권individual sovereignty'을 갖는다고 보았다. 남에게 해를 끼치지 않는 한, 나의 문제는 누구의 간섭이나 억압을 받지 않고 내가 스스로 결정할 권리가 있다. 누구도 그 결정권을 빼앗아 나를 대신해서 내 문제를 결정할 수는 없다. 이에 개인의 권리를 강하게 옹호하고, 종종 개인의 권리를 억압해온 다양한 형태의 집단주의에 도전과 불신을 표현한다. '자유'에 대한 인식 역시 공동체나 집단의 자유가 아니라 개개인의 자유로 한정한다. 서구적 근대화에 따라 나타난 개인주의는 공동체와 그 규범들에 대한 집단적 결속보다 개인의 자유권과 이해관계를 강조하는 입장을 취하고 있다.

24) 《논어》'위정':七十而從心所欲, 不踰矩.

루는 것이 이상사회의 완성이다. 물론 인에 의거한 조화란 개인의 희생도, 공동체의 파괴도 아닌, 각자의 개성이 존중되고 개인과 공동체가 상황에 맞게 조화를 유지하는 '화이부동和而不同' 으로서의 조화다.

그러므로 공자는 인을 평생토록 완성하고 확대해야 할 가장 존귀한 가치로 여겼다.

> 뜻 있는 선비와 어진 사람은 생명을 보존하기 위해 인을 해치지 않으며, 몸을 죽여서라도 인을 이룬다.[25]

욕심만 가득한 사람에게 인은 자신의 이익을 위해 언제든 버릴 수 있는 하찮은 것이겠지만, 진리를 추구하는 사람에게 인은 자신의 생명과도 바꿀 수 있을 만큼 귀중한 인간다움의 본질이다. 오래 살아서 좋은 것이 아니라, 내면에 내재된 하늘의 이치대로 사는 것이 우리 삶의 본래 모습이고 목적이므로, 공자는 "아침에 도를 들으면 저녁에 죽어도 좋다"[26]고 하여 인을 실천하고 완성하는 것이 자신의 전부였음을 고백한 것이다.

(2) 나로부터 천지만물로의 점진적 사랑 실천

물론, 인이 남을 나처럼 아끼고 사랑하는 것이라 해서, 나의 모든 일을 돌

---

25) 《논어》 '위령공' : .子曰 : "志士仁人, 無求生以害仁, 有殺身以成仁."
26) 《논어》 '이인' : 子曰 : "朝聞道, 夕死可矣."

보지 않고 남을 사랑하고, 나의 부모나 자식에 대한 사랑을 제쳐두고 먼저 남의 부모와 자식을 사랑하는 것은 아니다. 인을 실천함에 있어 본말本末과 선후先後의 차이는 명확히 존재한다.

자로가 인을 실천하는 사람 '군자君子' 에 대해 묻자 공자는 말하였다. "경敬으로 몸을 닦는 자다." 자로가 그것만 하면 다 되는 것인지를 묻자, 공자는 다시 "자신의 마음을 닦아서 남을 편안하게 하는 자다"라고 말했다.[27] 나 자신의 본심을 확대하여 남을 나처럼 사랑하고 아끼는 것이 인의 실천방법이다. 그런데 자로가 또 그렇게 하면 다 되는 것인지를 묻자, 공자는 남에게 베푸는 사랑의 범위를 더 확대하여 말해주었다.

> "자신의 마음을 닦아서 백성을 편안하게 하는 것이니, 자신의 마음을 닦아서 백성을 편안하게 하는 것은 요순임금도 늘 부족하다고 여기셨다."[28]

인의 실현은 매 순간 경건하게 자신의 마음을 살펴 본래 상태를 확립하고, 그 마음을 토대로 자신의 부모와 자식을 사랑하며, 나아가 이웃과 천하 모든 사람들에게까지 점차적으로 미루어 가는 것이 정석이다.

그래서 증자는 공자의 일관된 도를 '충忠' 과 '서恕' 라고 요약했다.[29] 충은 내 마음을 지극히 하는 것이고, 서는 그 마음을 남에게 점차적으로 미루어 가

---

28) 《논어》 '헌문' : 子路 …… 曰 : "如斯而已乎?" 曰 : "修己以安百姓, 修己以安百姓, 堯舜其猶病諸."
29) 《논어》 '이인' : 子曰 : "參乎, 吾道一以貫之." 曾子曰 : "唯." 子出, 門人問曰 : "何謂也?" 曾子曰 : "夫子之道, 忠恕而已矣."

는 것이다. 수양을 통해 선험적으로 지니고 있는 하늘의 이치인 인을 확립하고, 이것에 의해 마주하는 사물을 대하여 인간다움을 완성하는 것이 공자의 일관된 도이자, 그가 그리고 있는 이상사회를 이루는 구체적 방법이다.

한 가지 더 짚고 넘어가야 할 것은, 지금까지 살펴본 인의 실현범위를 보면, 그것은 그저 인간에게 한정되어 있음을 알 수 있다. 현대사회가 이미 서구 근대 이후 시작된 기계론적 사유와 인간중심주의의 폐단을 절감하고, 생태주의나 지속가능한 개발 등의 인식전환을 통해 환경보호의 당위성을 강조하고 있는 지금,[30] 자연에 대해 냉소적 시선을 건네는 유학의 이상사회는 오히려 시내의 흐름을 역행하고, 인간중심주의를 공고히 하는 구시대적 사유체계로 볼 수 있다. 공자가 마구간에 불이 나자 사람이 다쳤는지를 묻고, 말에 대해 묻지 않았다[31]는 기록을 보면, 이러한 비판은 타당해 보인다. 하지만 이는 인의 실현 범위에 대한 오해에서 비롯된 편견이라 할 수 있다.

공자에게 있어 인의 궁극적 목표는 나와 공동체뿐만 아니라 인간과 자연의 조화로운 관계 완성에 있다. 가까운 곳에서 먼 곳으로의 선후관계를 분명히

---

30) 최근 서구 환경단체에서도 '지속가능한 개발' 이란 개념을 중시하고, 자연환경에 대한 보존과 개발의 딜레마를 해결하고 있다. 이는 '환경과 개발에 관한 세계위원회WCED' 가 1987년 발표한 《우리의 미래》라는 보고서에서 공식화되었다. "미래세대가 그들의 필요를 충족시킬 수 있는 가능성을 손상시키지 않는 범위에서 현재 세대의 필요를 충족시키는 개발" 로 정의하고 있다. 따라서 지속가능한 개발은 좁게는 경제의 지속가능성을 의미하지만, 넓게는 경제뿐만 아니라 자연자원을 포함한 생태계 전체가 지속가능한 상태를 유지하는 것을 의미한다. 뿐만 아니라, 그들은 모든 존재자가 유기적으로 연결된 하나의 생명체임을 강조하는 '생태주의' 를 표방함으로써, 의식에서부터 비롯된 환경보호의 필요성을 주장하고 있다.

31) 《논어》 '향당' : 廄焚, 子退朝曰 : "傷人乎?" 不問馬.

하고, 내 가족에서부터 이웃으로, 국가로, 천지자연으로 점차 그 범위를 확대하여 차등적인 사랑을 실천해야 하므로 우선적으로 사람에 관심을 둔 것이지, 말에 관심이 없었던 것은 아니다.

실제 공자는 "낚시질은 하시되 그물질하지 않았으며, 주살질은 하시되 잠자는 새를 쏘아 잡지는 않았다"[32]고 전해진다. 인간과 인간뿐만 아니라 관계망이 확대되어 천지만물을 하나로 본 공자는, 인간과 자연이 서로 영향을 주고받아야 하기에 자연을 이용하는 것은 불가피하지만, 인간 마음대로 개발하고 유린하는 것이 아니라, 내재적 가치인 인에 의거해 모든 존재의 무분별한 희생을 금기하고 생명의 중요성을 실천하며 자연환경을 이용하기를 권고하였다.

덧붙일 것은, 유학적 이상사회의 핵심가치인 인은 상황에 따라 '신뢰信' '정의義' '평등均' '바름直' '부끄러움恥' 등의 다양한 이름으로 해석되었다.

공자가 꿈꾼 이상사회는 신뢰가 기반이 되는 사회다. 경제적 풍요와 국가의 안위가 보장된 사회도 중요하지만, 무엇보다 사람과 사람 사이에 그리고 사람과 자연 사이에 믿음이 전제되고, 세상을 보다 따뜻하게 바라볼 수 있는 시선이 허용되는 사회다.[33]

물론 그것은 인의 또 다른 이름인 정의 · 평등 · 바름 · 부끄러움 등의 가치가 실현될 때 가능하다. '의義'는 인간의 행위를 억제하고 구속하는 고정불변

---

32) 《논어》 '술이' : 釣而不綱, 弋不射宿.

33) 《논어》 '안연' : 子貢問政, 子曰 : "足食, 足兵, 民信之矣." 子貢曰 : "必不得已而去, 於斯三者, 何先?" 曰 : "去兵." 子貢曰 : "必不得已而去, 於斯二者, 何先?" 曰 : "去食, 自古皆有死, 民無信不立."

의 가치가 아니라, 매 순간 각기 다른 상황 속에서 새롭게 결정되는 시중적時中的 가치이다.[34] 또한 나와 남, 가족과 사회, 국가와 국가, 인간과 자연을 분리하고, 구분된 테두리만을 위해 맹목적으로 추구하는 '조그만 이익小利' 이 아니라, 타자와의 관계를 고려하여 서로가 공생할 수 있는 본질적 가치인 것이다.[35]

공자가 "이익을 보면 의로움을 생각하라"[36]고 한 것도, 부모에게 효도하는 일 · 형제간에 우애하는 일 · 사회에 공헌하는 일 · 자연을 아끼고 사랑하는 일 등의 일체적 관계망을 완성하는 궁극적 가치추구가 삶의 전부가 되어야 하고, 공동체와의 조화를 깨뜨리고 혼자만 독식하는 행위는 엄격하게 배제되어야 함을 강조한 것이다.[37]

사회나 공동체는 개인의 가치를 실현하는 삶의 무대이자, 덕을 완성하는 장이다. 그런데 그것을 파괴하고 자기 한 몸만 혹은 자기 가족만, 아니면 자신이 속한 공동체만 중시하고 이익을 탐하면, 그것은 의롭지 않은 이익이다. 그

---

34) 《논어》 '이인' : 子曰 : "君子之於天下也, 無適也, 無莫也, 義之與比."

35) 실제 《논어》를 보면 공자는 군자로서 지녀야 할 바람직한 덕목으로 '인仁' 과 '의義' 등을 제시하고, '이利' 에 대해서는 말하기를 꺼려하였다.(《논어》 '자한' : 子罕言利與命與仁) 그래서 그는 '조그만 이익小利' 을 추구하는 태도를 경계하였고,(《논어》 '자로' : 無見小利. … 見小利, 則大事不成) 내면의 본질적 가치에 의거하여 살 것을 강조하였다. "군자는 의로움에 밝고 소인은 이익에 밝다"(《논어》 '이인' : 君子喻於義, 小人喻於利)고 한 것도, 바로 의와 이를 군자와 소인을 구분하는 가치로 보고, 의와 이의 합일, 공과 사의 합일, 도덕과 경제의 합일을 주장한 것이다.

36) 《논어》 '헌문' : 見利思義.

37) 《논어》 '이인' : 富與貴是人之所欲也, 不以其道得之, 不處也; 貧與賤是人之所惡也, 不以其道得之, 不去也.

래서 그는 이러한 이익을 뜬구름과 같이 허무하다고 보고,[38] 때로는 물질적 빈곤을 겪게 되더라도 자신이 평생 염원하던 관계망 완성을 위해 의로움을 추구하겠다고 말하기도 하였다.[39]

뿐만 아니라, 공자는 인에 근거하여 타자와 공생할 수 있는 이익을 추구하였으므로, 소수자만이 독점하고 독식하여 분배가 고르게 이루어지지 않는 사회를 매우 경계하고 비판하였다. 그가 "나라를 소유하고 집을 소유한 자는 적은 것을 근심하지 않고 고르지 못한 것을 근심한다"[40]고 한 것도, 기업가나 위정자들이 이윤창출을 통해 기업과 국가가 잘살 수 있도록 하는 것도 중요하지만, 보다 힘써야 할 것은 이익이 고르게 분배될 수 있도록 '균분均分'에 힘쓰는 것이다. 물론 여기서 말하는 균분은 산술적 계산에 의해 일률적으로 실시하는 배분이 아니다. '공평均'이란 나와 공동체가 조화롭게 공생할 수 있는 모든 상황을 고려하여 상황에 맞게 분배하는 '시중적時中的 공평'을 의미한다. 이에 때로는 내가 남보다 적은 이익을 취하거나, 혹은 내가 남보다 많은 이익을 차지하더라도 불평불만이 있을 수 없다.

또한 공자는 '부끄러움恥'이야말로 인을 실천하는 군자가 없어서는 안 될 기본적 감정이라고 하였다.[41] 의롭지 못한 행동이나 이익을 취했을 때, 부끄러운 마음이 없다면 이미 걱정스러운 사람이 된다. 제자가 '부끄러움'에 대

38) 《논어》 '술이' : 飯疏食飲水, 曲肱而枕之, 樂亦在其中矣. 不義而富且貴, 於我如浮雲.

39) 《논어》 '술이' : 富而可求也, 雖執鞭之士, 吾亦爲之. 如不可求, 從吾所好.

40) 《논어》 '계씨' : 丘也聞有國有家者, 不患寡而患不均.

41) 《논어》 '자로' : 子貢問曰 : "何如, 斯可謂之士矣?" 子曰 : "行己有恥."

해 묻자, 그는 "나라에 정의가 실현되지 않을 때 부귀한 것이 부끄럽다"[42]고 하였다. 덕성을 갖추고 실력을 겸비하면 나라가 잘 다스려질 때 저절로 발탁되어 올바른 이익을 취하게 될 것이지만, 나라가 혼란스러운데도 벼슬길에 나아가 이익을 취하면, 이는 이미 자신이 잘못된 위정자와 동일하게 부도덕한 자임을 증명하는 것이므로, 이를 부끄럽게 여기고 경계해야 한다.

4. 인이 실현되는 사회에 대한 달콤한 상상

이처럼 공자가 평생을 염원하며 이루려고 한 이상사회는 아득히 먼 저 하늘에 있었던 것이 아니라, 지금 바로 여기 우리가 두 발 딛고 있는 현실에 있었다. 그렇기에 공자에게 그 꿈은 이미 과거에 실현되었고, 현실에 실현되어야 하며, 후대에도 지속되어야 한다. 실현의 권한은 소수의 권력자에게 독점되지 않았으며, 무당이나 제사를 통해 수동적으로 파악할 필요도 없었다. 사람이면 누구나 맘만 먹으면, 주동적으로 내면에 선험적으로 내재된 '인'을 확립할 수 있고, 현실에 실현시킬 수 있다. 인은 천지자연이 유기적으로 연결되어 모든 존재자가 자기모습을 유지하고 조화롭게 어우러지는 세상을 가능하게 하는 씨앗이기 때문이다.

또한 공자는 사회 구성원 모두가 편안한 삶을 사는 것이 목표였지만, 그것

42) 《논어》 '태백' : 邦無道, 富且貴焉, 恥也.

은 단지 육체적 편안함을 의미하는 것은 아니었다. 국가안보나 경제발전을 통해 사회의 안정을 도모하는 것도 중요하지만, 보다 힘써야 할 것은 인을 확립하여 사회 전체를 믿음이 전제되는 신뢰사회로 만들고, 자기 자식을 사랑하듯 이웃과 천지만물을 아끼는 사랑이 넘치는 사회를 구축하는 것이다.[43)]

공자 사후 100여년 뒤에 태어난 맹자는, 공자가 마주했던 세상을 '무도無道' 했다고 진술한다.

> "세상이 쇠퇴하고 도가 미약해져서 부정한 말과 포학한 행동이 일어나 신하로서 군주를 시해하는 자가 있었으며, 자식으로서 아버지를 시해하는 자가 있었다. 그래서 공자는 이것을 두려워하여 《춘추》를 지은 것이다."[44)]

흥미로운 것은, 혼잡한 세상을 마주하면서도, 지녔던 태도는 사람마다 달랐던 모양이다. 당시 은자隱者였던 장저長沮와 걸닉桀溺은 세상을 한번 바로잡아 보겠다고 천하를 돌아다니며 유세하던 공자를 두고 부질없는 짓이라고 비난하고, 은둔하여 농사나 지으며 사는 삶을 권고하였다.[45)] 하지만 공자의 관점은 명확하고 단호하였다.

조수와 더불어 무리 지어 살 수는 없으니, 내가 이 사람의 무리와 더불어 살지 않

---

43) 《논어》 '안연' : 子貢問政, 子曰 : "足食, 足兵, 民信之矣." 子貢曰 : "必不得已而去, 於斯三者, 何先?" 曰 : "去兵." 子貢曰 : "必不得已而去, 於斯二者, 何先?" 曰 : "去食, 自古皆有死, 民無信不立."

44) 《맹자》 '등문공(하)' : 世衰道微, 邪說暴行, 有作, 臣弑其君者有之, 子弑其父者有之. 孔子懼, 作《春秋》.

고 누구와 더불어 살겠는가? 천하에 도가 있었다면 내가 더불어 바꾸려고 하지 않았을 것이다.[46]

인이 실현되지 않아 모든 관계성이 끊어지고, 사람이 사람을 믿지 못하며, 상식이 통하지 않고, 정의가 실현되지 않는 사회는 분명 공자가 경험한 당시의 참혹한 현실이었을 것이다. 은둔하면서 외면하면 편했을 법도 한데, 공자는 과감히 세상 속으로 들어와서, 사회 구성원 모두가 각자 지니고 있는 본래 모습을 회복하도록 노력하였다.

'예운' 에서는 대도大道가 온전히 실현되는 대동사회와 달리, 이런 혼탁한 세상에서 정의를 실현하기 위해 노력하는 사회를 '소강小康' 이라고 하였다. 물론 소강사회라고 해서 대동사회와 다른 가치를 지향하는 것은 아니다. 여전히 '인' 과 같이 인간이면 누구나 지니고 있는 본래 가치에 뜻을 두고, 탕湯·문文·무武와 같은 임금처럼 예의를 존중하고 믿음과 겸양을 중시하며 상도常道를 통용시키기 위해 노력하는 사회이다. 맹자의 말을 빌려 부연하면, '대동' 은 요순임금이 그저 본성대로 행동한 것처럼, 의도하지 않고도 천하에 도가 온전히 실현되고 있는 사회를 말하고, '소강' 은 탕임금과 무임금이 잃어버린 본성을 의도적으로 회복하고 확대하기 위해 노력한 것처럼, 혼탁한

45) 《논어》 '미자' : 長沮桀溺, 耦而耕, 孔子過之, 使子路, 問津焉. 長沮曰 : "夫執輿者爲誰?" 子路曰 : "爲孔丘." 曰 : "是魯孔丘與?" 曰 : "是也." 曰 : "是知津矣." 問於桀溺, 桀溺曰 : "子爲誰?" 曰 : "爲仲由." 曰 : "是魯孔丘之徒與?" 對曰 : "然." 曰 : "滔滔者天下皆是也, 而誰以易之. 且而與其從辟人之士也, 豈若從辟世之士哉?" 耰而不輟.

46) 《논어》 '미자' : 子路行, 以告. 夫子憮然曰 : "鳥獸不可與同群, 吾非斯人之徒, 與, 而誰與? 天下有道, 丘不與易也."

세상에 도가 실현되도록 부단히 노력하는 사회를 가리킨다.[47]

이러한 차이를 공자는 '인자仁者'와 '지자知者'로 표현하였다.

인한 자는 인을 편안하게 여기고 지혜로운 자는 인을 이롭게 여긴다.[48]

'인자'는 내면에 내재된 이상사회의 근거인 인을 이미 확립하여 의식하지 않고 편안하게 그것에 의거하여 삶을 사는 사람이고, '지자'는 인에 따라 사는 것이 이롭다 여기고, 이것을 목표로 삼고 매 순간 노력하는 자이다. 모든 사람이 성인과 같은 인격을 완성하여 현실을 이상사회의 모습으로 이끌어 갈 수 있으면 더없이 좋겠지만, 사람이기 때문에 본래성을 쉽게 잃어버릴 수 있으므로, 실현과정도 중요성하다. 따라서 지자라고 해서 외재하는 법과 제도로 자신과 사회를 규제하는 방식을 선택하지 않는다. 인자든 지자든 모두 내면의 '인'을 가치 있게 여기고, 궁극적으로 덕성의 완성을 통해 모든 사람이 인을 실천하여 현실을 이상사회로 만드는 데 동참하도록 노력했던 것이다.

여기서 '교육'에 대한 중요성이 제시된다.

공자가 위衛나라에 갔을 때 인구가 많은 것에 놀라자, 제자 염유는 인구가 이렇게 많다면 그 다음에 필요한 것이 무엇인지를 물었다. 공자는 "부유하게 하는 것이다富之"라고 대답하였다. 그러자 염유는 부유하게 한 다음에 무엇이

47) 《맹자》 '진심(하)' : 孟子曰 : "堯舜, 性者也. 湯武, 反之也."
48) 《논어》 '이인' : 仁者安仁, 知者利仁.

더 필요한지 물었다. 이번에 공자는 "사람들을 가르쳐야 한다敎之"고 말하였다.[49] 인구의 번성과 경제적 풍요는 이상사회로 나아가는 데 중요한 요소이기는 하나, 보다 중시되어야 할 것은 바로 교육이다. 사람이면 누구나 내면에 내재된 본래 가치를 확립하고, 그것에 따라 현실에서 이상사회를 실현할 권리가 있기 때문이다. 이에 공자는 교육을 함에 특정한 부류를 정해놓고 가르치지 않았다.[50] 누구나 교육을 통해 요순과 같은 성인이 될 수 있는 가능성을 열어놓은 것이다.

대동이든 소강이든, 인자가 세상을 다스리든 지자가 이상세계 실현을 위해 노력하든, 인이 기초가 되어 정의와 신뢰 · 평등 등이 실현되는 사회는 공자의 이상이었다. 무도한 현실에 궁극적으로 인을 실현시키기 위해 강한 신념을 지니고 실천한 자가 공자였던 것이다.

마지막으로 언급할 것은, 20세기 이후의 동아시아는 서구근대의 '이성' '합리' '자유' '과학' 등을 핵심가치로 여기고, 스스로의 사상문화를 폄하하고 부정하며 '서구화가 곧 유토피아'라는 굳건한 믿음을 실천해 왔다. 앞에서도 살펴보았지만, 근대적 가치는 서구사회에서 이미 폐기처분의 요구를 받았고, 지금은 그들조차 새로운 유토피아를 찾기 위해 다양한 인식의 전환을 시도하고 있다. 이런 상황에서, 긴 역사의 시간 동안 우리의 내면을 지배해 왔던 동아시아의 유학적 가치는 분명 우리에게 또 다른 편안함을 줄 수 있는 이

49) 《논어》 '자로' : 子適衛, 冉有僕. 子曰 : "庶矣哉!" 冉有曰 : "旣庶矣, 又何加焉?" 曰 : "富之." 曰 : "旣富矣, 又何加焉?" 曰 : "敎之."

50) 《논어》 '위령공' : 有敎無類.

상사회의 모델을 제시해 줄 수 있다.

그 유토피아는 지금 바로 여기에서, 그리고 누구나 실현 가능한 꿈일 것이다. 또 가장 중시되는 가치는 천지자연을 유기적으로 연결된 하나의 존재로 인식하게 하는 내면의 근거 '인' 이다. 그것은 가정에서부터 이웃으로, 사회로, 국가로, 천지만물로 점차적인 사랑의 확대를 요구하고, 나아가 누구나 이상사회를 완성하는 주인이 될 수 있음을 말해줄 것이다. 공자가 그린 유학적 이상사회가 우리사회에 실현될 모습을 상상해 본다. 달콤한 꿈이다.

참고문헌

- 《논어》
- 《맹자》
- 《서경》
- 《국어》
- 《예기》
- 장광식, 《중국청동시대》, 삼련서점, 1999.
- 진소방, '제 · 천관계적연변', 《서남사범대학학보》, 2004.
- 김성기, '선진유학의 본질을 어떻게 재해석할 것인가', 《유교사상연구》 제29집, 한국유교학회, 2007.
- 오석원, '유교의 대동사회와 평화정신', 《유교사상연구》 제11집, 한국유교학회, 1999.
- 김기주, '대동과 소강, 이상과 현실의 이중주', 《유학연구》 제21집, 충남대유학연구소, 2010.
- 진정염 · 임기담 지음, 이성규 옮김, 《중국대동사상연구》, 지식산업사, 1990.
- 토머스 모어 지음, 박홍규 옮김, 《유토피아*De optimo reipublicae statu, dequenova insula Utopia*》, 지만지, 2008.

기독교의 하느님 나라天國

현재/미래, 차안/피안 그리고 개인/전체의 이분법을 넘어

이 정 배
감리교 신학대학교 교수

죽음이 인문학적 성찰의 주제가 된 것은 분명 세상이 달라지고 있는 징표다. 얼마 전까지 '웰빙' 이 최고 관심사였으나 이제는 '힐링' 이 화두가 될 만큼 시대가 달라졌고 나아가 노숙자들에게까지 '죽음' 을 가르칠 만큼 그것이 오늘의 현실을 지배하고 있다. 이는 세상이 점점 인간의 기대와 달리 나쁜 쪽으로 변화하고 있다는 반증, 즉 생명을 갈구하나 실상은 죽음을 살고 있는 일상적 경험 탓이다. 인간의 죽음이 다 익은 낙과落果처럼 그렇게 다가오면 좋겠으나 학교, 집, 공장 등에서 한 많은 죽음 소식이 전해지고 있다. 물론 자신의 수壽를 다한 이들에게도 죽음은 두려운 일이다. 더욱 가진 것 많고 누릴 여유 있는 경우라면 수단, 방법을 다해 삶의 연장을 마다하지 않을 듯싶다. 어느 경우든 최근 회자되는 죽음학은 삶에 대한 물음을 떠난 죽음이 없음을 보여준다. 살아생전 더 값진 삶을 살기 위해 죽음이 필요하다는 것이다. 그럼에도 죽음 이후의 자신의 존재를 관심치 않는 사람은 없을 것이다.

이 글은 죽음 이후 내세에 대한 기독교적 시각을 중심 주제로 한다. 인간이 죽음으로 소멸되지 않고 어느 형태든지 이후의 삶이 존재함을 종교들은 저마다 자신들의 교리를 통해 증거하고 있다. 일정부분 비연속성을 염두에 두겠으나 현존하는 자신과의 연속성 곧 자아동일성을 믿고 싶은 마음으로 내세를 말하는 종교적 세계에 귀의할 것이다. 주지하듯 종교가 태동된 풍토적 요인터무늬[1]의 차差에 따라 내세관은 달리 전개되었다. 본래 무아無我를 강조하는 불교의 경우에도 윤회를 통해 자아의 연속성윤회재생은 여전히 강조되며 유교 역시 죽음으로 흩어진 혼魂과 백魄이 자식들의 제사행위를 통해 모아져 기억될 수 있음초혼복백을 믿고 있다. 이 점에서 희랍적 풍토에서 생기한 신령한 몸으로의 부활을 믿는 기독교부활영생도 예외일 수 없다. 저마다 자신들의 종교언어를 사용하여 죽음의 문제를 극복할 수 있다고 믿는 한, 내세관의 우열을 따지거나 진위를 논하는 것은 부질없는 일이다. 그럼에도 제종교가 표상하는 내세관의 독특성 내지 특이성은 긍정되어야 마땅하다. 기독교의 내세관은 유교나 불교처럼 자연스런 죽음의 문제에 대한 답이라기보다 지난한 역사 속에서 불거진 이스라엘 민족의 억울한 죽음의 문제에 대한 해결책이었던 까닭이다. 그렇기에 종종 죽음 이후 신령한 몸들의 거주공간으로 생각되었던 하느님 나라는 기독교 경전인 성서의 본뜻과 거리가 너무도 멀다. 이 글을 통해 인습적인 기독교의 천국관을 기대하는 독자도 있을 터이지만 성서가 말하는 하느님 나라와의 변별된 의미를 더욱 주목할 일이다. 달리 말하면 하느님 나라란 혹자가 생각하듯 '가는 피안의 공간'이 아니라 '오는 곳'[2], 즉 이 땅에서 이루어져야 할 미래적 현실태라는 사실이다. 물론 기독교에서 피안성이 완전히 제거 내지 생략된 것은 아니겠으나 그 영역에 대한 관심이 기독교의 본질이 아닌 것은 분명하다. 이런 시각은 따라서 개인적, 영적 구원만을 강조하는 보수적 신앙노선과도 구별된다. 하느님이 인간이 된 세계, 차안적 세상의 총체적 · 전체적 변화 없이 개인영원구원을 말할 수 없는 까닭이다. 이런 차원에

---

1) '터무늬'란 자연에도 역사가 있음을 알리는 순수 우리말이다. 건축학자 승효상은 이를 인문人文에 빗대 지문地文이라는 말로 사용하고 있다. 자연에 역사가 있음으로 해서 종교 역시 자연적 풍토의 영향사 없이는 이해될 수 없다고 필자는 생각한다.

2) J. 몰트만 지음, 김진균 옮김, 《오시는 하느님》, 대한기독교서회, 2010. 여기서 책 제목을 주목하라.

서 2013년 부산에서 열리는 10차 세계교회협의회WCC는 '정의, 평화 창조질서의 보전 없이는 기독교 정신구원을 실현치 못할 것'[3]이라는 시각을 충실히 반영할 것이다.

이런 맥락 하에 이 글에서 필자는 일차적으로 신구약을 통해 성서가 말하는 하느님 나라 내지 하느님 통치Die Herrschaft Gottes 개념의 발전사를 약술하고 그것이 한국 교회가 인습적으로 고백해온 천국사상과 크게 다름을 밝힐 것이다. 그런 연후 하느님 나라의 핵심 본질을 현재와 미래, 차안과 피안 그리고 개인과 전체를 아우르는 새 차원에서 설명할 생각이다. 이 과정에서 하느님 나라가 성서의 본뜻에서부터 일탈된 역사적 이유와 배경도 드러날 것이라 기대해 본다. 죽음 이후를 생각하는 내세관이 꼭 피안적이고 개인적 차원을 지닌다는 생각이 벗겨질 수 있는 좋은 기회가 되기를 바라면서 몸말을 시작한다.

---

3) 이 말은 1990년 서울에서 열린 '정의 평화 창조질서의 보전'JPIC을 위한 세계교회 모임을 발의한 공로로 스위스 바젤대학 신학부가 칼 프리드리히 봐이젝커에게 명예신학박사학위를 수여하는 자리에서 밝힌 수상소감이다. C. F. 봐이젝거 지음, 이정배 옮김, 《시간이 촉박하다》, 대한기독교서회, 1987. 참조.

1. 인습화된 기독교인의 천국내세관, 무엇이 문제인가?

종종 길가에서 전도하는 기독교인들로부터 "예수 믿고 구원 받으세요" 혹은 "예수 믿고 천국 가세요"라는 이야기를 들은 바 있을 것이다. 물론 모든 교회가 이같이 전도하는 것은 아니겠으나 자신을 알리는 일상적 어법이 되고 있음은 분명하다. 하지만 기독교적 구원을 천국행과 동일시하는 것은 성서적이지도 않고 사회적으로도 해악이 크다. 주지하듯 이런 내세관은 한국 교회의 신앙양식을 대변하는 사영리四靈理 체계의 산물이다.[4] 사영리는 하느님이 인간을 향한 놀라운 구원계획사랑을 갖고 계시나신론 죄로 인해 그것을 망각했고죄론 그를 알 수 있는 길은 예수 그리스도를 통해서인바기독론 그렇기에 인간은 누구든지 예수를 믿고 구주로 고백해야 구원을 받을 수 있다구원론고 말한다. 바로 이런 사영리 체계와 직결되어 있는 것이 이 글의 주제인 천국 또는 천당 신앙이다. 예수를 믿고 구원을 받되 그 구원의 보증이 바로 죽음 이후 천국행 티켓인 까닭이다. 결국 인습적 내세관인 천당신앙은 하느님의 절대성, 예수의 배타성의 산물로서 기독교인에게만 주어지는 특권인 것인데 기독교적 구원을 수용치 못한 사람들이 가야할 지옥과 항시 대비되고 있다. 따라서 천국과 지옥, 이 두 개념 쌍은 사영리적 신앙체계를 지닌 보수성을 띤 대다수

4) 한인철, "종교개혁에 터한 한국 개신교 신앙양식의 허와 실", 두 번째 종교개혁은 가능한가?, 기독자 교수협의회 세미나 자료(2012. 11. 16). 본래 사영리四靈理는 1957년 빌 브라이트B. Bright 박사가 대학생 선교회의 전도를 목적하여 기독교 교리를 77자, 4가지 원리로 요약한 것이다.

한국교회들의 존재이유로서 기능하게 된다. 이런 이분법적 사유체계 하에서의 신앙종교생활은 비판적 사유를 불허하고 갈등을 유발시키며 현실세계를 상대적으로 약화시키고 종교적 이기주의에 함몰될 위험이 크다. 그렇기에 기독교의 복음이 이렇듯 궁극적으로 사람을 편가를 만큼 작은 것인지, 기독교 경전인 성서가 과연 저세상을 목적하는 책인지 나아가 오늘을 사는 대중들이 과연 이런 내세관에 목말라하고 있는 것인지 등에 대해 한국 교회는 자신의 존재를 위해서도 되돌아봐야 할 점이 많다.

이 글을 준비하며 필자가 접한 몇 권의 책 중에서 본 장에 적합한 내용이 있어 소개코자 한다. 한 책은 보수 복음주의 진영 쪽에서 나온 책으로 상술된 문제의식을 성찰한 것이고[5] 다른 한 책은 가톨릭과 개신교를 막론한 국내 진보 신학자들의 부활신앙을 주제로 한 것[6]이다. 앞의 책은 사영리적 신앙 체계 없이 산 사람들, 예컨대 간디 같은 위대한 영혼을 지옥에 던지는 기독교, 천당/지옥으로 사람을 편 가르는 기독교가 과연 사랑의 하느님을 말할 자격이 있는가를 논했다. 선택받은 소수의 기독교인에게만 천국이 허락된다고 가르치는 교회가 과연 신앙의 핵심을 전한다고 볼 수 있겠는가를 보수 복음주의 시

---

5) 랍 벨 지음, 양혜원 옮김, 《사랑이 이긴다》, 포이에마, 2011. 실제로 이 책은 소위 복음주의자, 보수주의적 기독교가 지나칠 정도로 천국 지향적 내세관에 경도되어 있는 것을 비판 내지 조정할 목적으로 쓰인 것으로서 저자 역시 본래 이런 그룹에 속해있었다.

6) 유동식 외, 《내가 믿는 부활》, 대화문화아카데미, 2012. 이어지는 내용에서는 10여 명으로 구성된 본 책의 필자들 견해를 빌려올 것이다.

각에서 비판적으로 문제 삼고 있는 것이다.[7] 이는 결국 세상에는 희망이 없다는 것인데 이를 전하는 것이 기독교의 메시지라면 그것이 무슨 소용인가를 질문하고 있다. 따라서 이 책은 예수의 복음이 인간을 이곳에서 다른 어느 곳 저세상 · 천국으로 데려가는 것이 목적이 아님을 역설했다. 향후 이 세상은 굶주리고 목마르며 오염될 것이고 질병이 창궐한 터인데 기독교인이 저세상만을 바란다면 그것은 종교적 이기심의 표현으로서 비극이라 본 것이다.[8] 그렇다면 성서가 말하는 천국은 무엇인가? 본 주제는 다음 장에서 핵심적으로 논의할 것인바 본 책의 저자 의도 역시 다르지 않기에 앞뒤 연결고리로서 짧게 인용해 보겠다. 무엇보다 예수의 천국 사상은 공간 개념이라기보다 지금껏 경험치 못한 다가올 시대Eion라 보는 것이 옳다고 했다.[9] 따라서 오는 세대에서 일어날 일들은 오히려 이 땅과 무관할 수 없다는 것이다. 지금 인간이 살고 있는 현세대 이후에 올 새로운 시간, 곧 도래할 세상에 대한 경험을 예수는 영생이라 했고 천국이라 불렀다는 것이다.[10] 선지자들이 약속했던 이런 세대는 종래와 같은 인습적 인간 행위가 종식될 때 생기生起할 수 있는 것으로서 그 단적이 예를 부자청년과 나눈 영생눅18:18~30에 대한 대화에서 찾았다.

---

7) 랍 벨, 앞의 책, 22쪽.
8) 앞의 책, 35~36쪽.
9) 앞의 책, 65쪽.
10) 앞의 책, 67쪽.

"하느님 나라를 위하여 집이나 아내나 형제나 부모나 자식을 버린 사람은 이 세상에서 여러 갑절로 받을 것이고 또한 오는 세상에서 영원한 생명을 받을 것이다."

본문에 언급된 과격한 표현들은 내용적으로 세상을 잘못되게 만들었던 이전 생활양식과의 단절이제 그만!을 적시할 뿐이다. 소유를 팔아 가난한 이를 도우라는 예수의 가르침으로 마음이 불편해졌다면 그것은 천국과 거리가 멀다. 결국 천국은 주기도문에서 드러나듯 하늘의 뜻이 땅에서 이뤄지는 실제 공간을 뜻한다는 것이 저자의 확신이다.[11] 세상을 창조하신 하느님의 뜻이 실제로 일어나는 공간, 천지가 만나는 시점, 하늘과 땅이 급기야 같은 공간이 되는 것이 바로 예수가 가르친 하느님 나라 혹은 하늘나라라는 것이다. 그렇기에 천국을 바라는 기독교인이라면 이 세상의 고통과 불의를 누구보다 관심해야 하며 다가올 세대에 적합한 일을 지금 여기서 시작해야만 한다. 미래를 지금 이곳 현재로 끌어당기는 삶을 살라는 것이다. 이 세상을 떠난 딴 곳으로 가는 것이 아니라 현세에 적극 참여하는 것이 천국 신앙이 지닌 본래 뜻인 까닭이다. 물론 하느님 나라는 다른 어느 곳에 존재할 것이다. 그러나 성서는 도처에서 지금 여기서 그 차원을 경험토록 촉구할 뿐이다.

---

11) 앞의 책, 79쪽.

"차안은 피안을 위한 힘이다 Die Jenseitigkeit ist kraft der Dieseitigkeit".[12)]

이 점에서 천국과 대립개념인 지옥 역시 이전과 전혀 달리 이해되는 것이 마땅하다. 예수를 믿지 않으면 지옥에 들어간다는 것은 거지반 폭력이자 협박의 차원에서 행해지는 언사일 뿐이다. 지옥 역시도 밖의 어떤 공간이라기보다 신앙 유무와 관계없이 지금 여기서 경험 가능한 차원일 수 있다. 이를 위해 예수의 지옥 내지 심판, 형벌에 대한 언사가 항시 헌신적인 유대 종교인들을 향한 것이었음을 기억할 필요가 있다.[13)] 자칭 종교적 테두리 안에 있다 생각하는 사람들 속에 있는 탐욕, 무관심, 굳은 마음을 일깨우고자 할 때 필요한 단어였을 뿐이다. 그렇기에 오늘 우리 기독교인들 역시도 스스로 하느님 안에 있다 하면서 그 뜻의 부재, 망각으로 인해 야기된 구체적 삶이 오히려 지옥인 것을 더욱 생각하며 살 때가 되었음을 환기시켜주고 있다.

신구교의 진보 신학자들 십여 명이 공동 집필한 《내가 믿는 부활》에도 동일한 시각이 담겨 있다. 비록 죽음 이후의 부활을 주제로 했으나 천국, 곧 하느님 나라 사상과 직간접적으로 연루되어 있다. 거지반 80세를 전후한 인생 노년기에 자신들 죽음을 인지하며 썼던 글이기에 진정성이 느껴지나 그들 간

---

12) 이것은 본래 20세기 초 활동했던 E. 트뢸치라는 신학자가 했던 유명한 말이다. 종교를 발생시키는 원초적 계기가 인간 이성윤리 속에 있다고 본 종교적 선험성Das Religioese Apriori의 신학자로도 널리 알려져 있다.

13) 랍 벨, 앞의 책, 128~129쪽.

의 신학적 편차가 생각보다 컸다. 하지만 크게 보아 다음 다섯 가지 입장으로 그들의 내세관을 정리할 수 있다고 생각한다.

첫째는 죽음 이후 덧입혀지는 영적 몸으로서 존재할 수 있다는 삶과 죽음 간의 불연속적 연속성의 시각[14]과 둘째는 부활, 곧 하느님 생명에의 참여가 현세에서부터 시작된다고 믿고 부활 신앙의 진정성을 오늘 현실의 삶과 직결시켜 이해하는 입장도 있었다.[15] 셋째 유형으로는 기독교 부활 신앙을 새 하늘과 새 땅의 차원에서 우주 전체적인 변화의 시각에서 보되, 한 개체의 자기 정체성 역시 유지된다고 보는 시각이다.[16] 그리고 넷째로는 부활신앙이란 지금 여기서 그에 걸맞은 정치적, 혁명적 실험을 하는 데 그 본뜻이 있다고 믿는 민중 신학적 입장이 있다. 하느님 나라나 부활 사상은 모두 현실에 대한 저항의 언어라 보는 것이 옳다는 것이다.[17] 마지막으로 사후의 부활상復活像에 대한 확고한 신뢰를 언급하는 경우이다. 즉 "그날에 너희는 내가 아버지 안에 있고 너희가 내안에 있고 또 내가 너희 안에 있음을 알게 될 것이다"요14:20라는 성서말씀에 근거하여 생전의 가족 및 인간관계가 저 세상에서 온전히 복

---

14) 본 책에서는 김경재 교수, 유경재 목사 등이 이에 속한다. 《내가 믿는 부활》 16~35쪽, 81~100쪽 내용 참조.

15) 이런 시각은 가톨릭 신부인 서공석과 이계준 목사 그리고 부활은 현세에서 한 알의 밀알이 썩어 많은 열매를 맺는 방식으로 현재한다고 믿는 이제민 신부 등이 대변한다. 정양모 신부 역시 다석 유영모의 빛에서 익은 열매가 될 것을 강조했다. 위의 책 40~58쪽, 82~100쪽, 104~130쪽, 236~258쪽.

16) 가톨릭 심상태 신부, 김승혜 수녀 등이 이 점을 강조했다. 위의 책 134~162쪽, 168~189쪽.

17) 박상중 목사, 서광선 교수 등이 이에 해당한다. 위의 책 218~230쪽, 264~282쪽.

원될 것을 소망하고 있는 것이다.[18)]

이렇듯 신구교 신학자들뿐 아니라 신구교내 개별 신학자들 간에 야기된 신학적 차이는 주관적 성향 때문이라기보다는 성서 속에 각각의 요소들이 내포되어 있기에 가능한 일이다. 어느 성서적 근거와 접맥하는가에 따라 강조점이 달라질 수 있다는 말이다. 필자의 판단으로는 이들 모두의 생각을 종합할 때 비로소 부활신앙 혹은 하느님 나라라 불리는 성서적 내세관이 확립될 것으로 본다.[19)] 그럼에도 불구하고 살아생전의 인간가족 관계가 죽음 이후에 복원될 것이란 유동식의 희망적 내세관에 대다수의 동료 신학자들이 이해는 하되 납득하지 않은 것은 주목할 사안이다. 성서가 말하는 천국, 하느님 나라는 그렇듯 확연히 피안공간적이지 않을 뿐 아니라 가족관계로 대변되는 현세와 단순히 연장선상에 있지 않는 까닭이다. 여하튼 《내가 믿는 부활》에 참여한 신학자들의 공헌은 하느님 나라, 즉 천국을 다음과 같은 틀에서 폭넓게 그러나 비판적으로 조망할 수 있는 여지를 남겨준 데 있다. 비록 다양하기는 하지만 인습적 내세관을 극복할 수 있는 신학적 토대를 쉽게 제시한 까닭이다. 하지만 천국과 현세간의 연속성/비연속성의 문제, 영적인 천국과 영육을 아우

18) 이런 시각은 평신도 신학자 유동식에게서 잘 드러난다. 앞의 책 196~210쪽 참조.

19) 실제로 필자는 이들 부활신앙을 필자와 함께하는 교회 식구들에게 읽히고 저마다 어느 입장에 동조하는가를 자신의 신앙에 근거해 살펴볼 것을 주문했다. 상당수 교우들이 이들 신학자의 견해 모두가 함께 작동했으면 좋겠다는 의향을 전해주었다. 그만큼 평신도들의 욕구는 다차원적이었고 포괄적이었다.

르는 몸적인 천국, 천국의 개체적 차원과 전체, 곧 우주 생태적 차원 나아가 천국의 피안공간성과 차안시간성 간의 관계들은 토론거리로 남겨져 있다. 이 점에서 필자는 다음 장에서 이런 상이한 시각들을 성서적 관점에서 비판적으로 살피되 그들을 종합할 수 있는 이론적 근거를 제시할 생각이다.

2. 성서가 말하는 하느님 나라 – 하느님 나라와 하느님 지배

보았듯이 인습화된 하느님 나라, 곧 천국은 예수 믿고 구원받은 자들이 가는 피안적이며 비물질적인 공간으로서 현실에 있어서는 교회를 통해 그 가시적 형태가 드러난다고 믿었다. 신학자들 중에서도 정도의 차이는 있으나 성서의 특정 구절에 의거하여 이런 점을 부분적으로 인정하는 경향을 보인 이도 있었다. 하지만 이와는 반대로 천국을 이 땅 한복판에서 생기할 수 있는 사건이라 보는 학자도 존재했고 그것을 도래할 새로운 세대에온의 속성이라 한 복음주의자의 책도 의미 있게 살펴보았다. 본 장에서는 독일에서 출판된 가장 권위 있는 신학사전[20]을 토대로 하느님 나라를 조망함으로서 성서가 말하는 천국 사상의 일관된 의미를 찾고자 한다.

---

20) Theologische Realenzykloepedia(이하 TRE Vol 15), Walter de Gruyter, 1989.

1) 구약성서에 나타난 '하느님 지배', 그 발전적 형태

유대교와 공유하는 기독교의 한 경전, 구약성서는 하느님의 통치 Gottesherrschaft에 대한 확신을 기술한 책이다. 복잡하게 얽혀진 정치적 혼란과 역경 속에서 약자로서의 자신의 정체종교성을 지키며 살아야 했던 그들에게 하느님 지배, 통치란 개념은 너무나 절실했고 필요했던 것이다. 바로 이런 하느님 지배란 것이 후일 도래할 하느님 나라 사상으로 발전되었다는 것이 신학자들의 공통된 견해인바, 신학사전에는 그렇기에 하느님 지배와 하느님 나라 이 둘을 같은 항목에서 다루고 있다.[21] 후술하겠지만, 이런 동일화 과정은 인습화된 천국관을 극복하는 데 결정적 의미를 지니며 역할을 하게 된다. 본래 이스라엘은 포로기 이전 시기 자신들 하느님 야훼를 세상의 혼동Chaos을 지배하고 정복하는 전능한 왕으로 고백했다. 이런 신관神觀을 창조한 당대 성전聖殿신학은, 하지만 국내외 정치를 통해 자신들 힘을 오용했고 이사야와 같은 예언자들에 의해 비판을 받게 된다. 그렇기에 선지자 이사야에게서 야훼는 세상과 다른 신들을 능가하는 전능자이기보다 오히려 이스라엘 왕들과 자국 백성들의 부정한 입술에 대한 죄를 묻는 존재로 나타났다. 왕들의 타락으로 인해 현실에서 하느님 지배를 기대할 수 없게 된 상황에서 예언자들은 현실비판에 입각해 하느님 통치를 미래적 차원에서 대망하게 된 것이다. 특히 이사야서를 중심하여 시작된 하느님 지배에 대한 비전은 하느님께서 자기 백

---

21) TRE, 172쪽.

성을 다시 새롭게 창조하겠다는 것으로 나타났다.[22] 이는 신관의 변화로써, 정적인 현재적 세계지배자로서의 야훼가 역동적인 미래적 사건의 주인공으로 바뀌는 과정을 적시한다. 이를 일컬어 야훼 하느님의 묵시적 세계 심판이라 명명하기도 한다.[23] 세속의 잘못된 왕권정치와 종교적 타락으로 병들고 가난하며 고아가 된 이들을 구원하는 하느님, 곧 이스라엘을 포함한 세상의 고통을 끝내는 하느님이 언급된 까닭이다. 이는 역사 속에서 완전히 새로운 시대Epoche가 도래한다는 확신이기도 하다. 여기서 구원은 타락한 이스라엘의 죄를 용서하는 것뿐 아니라 언급된 삶의 결핍들 일체를 채우는 일이기도 했다.[24] 그렇다면 포로기 이후 이스라엘 역사 속에서 하느님 지배는 어떻게 표상되었을까?

BC 586년 이래로 포로기에 접어든 이스라엘 민족은 왕권을 빼앗겼고 주권을 잃어 현실적으로 고통 받는 상태였다. 이런 상황에서 '하느님의 지배'를 말하는 것은 힘겨운 일이었고 설득력도 없었다. 이렇듯 무력한 상황에서 등장한 것이 세상의 역사와는 별개로 하느님의 구속사가 펼쳐진다는 신학이었다.[25]구속사 신학의 특징은 하느님께서 당신 백성인 이스라엘 민족에게

22) TRE, 182쪽.

23) TRE, 183~184쪽, 특히 이사야서 24~27장은 소小묵시록이라 불리기도 하는데 하느님 지배가 죄와 죽음을 이기고 죽은 자의 부활이 일어나는 상태를 언급하고 있다.

24) TRE, 183쪽.

25) TRE, 184~185쪽. 특별히 오바댜서 21장 참조.

고통을 안겨준 이방 적들을 심판하고 그들을 회개시킨다는 확신이다. 큰 민족을 이루게 하겠다는 아브라함과의 약속을 지키시는 야훼 하느님이기에 이스라엘 백성들은 현실의 불행을 두려워할 필요가 없다고 가르쳤다. 현실적 고통과 무력함 속에서도 '하느님의 통치' 가 역사의 이면에서 펼쳐지고 있다는 믿음에는 변함이 없었던 것이다. 포로기를 겪고 난 이후 이스라엘 민족들은 야훼 하느님의 미래적 묵시적 지배보다는 더 많은 경우 현재적 지배status Quo를 믿고자 했다.[26] 어려운 고비를 지났기에 백성들의 마음이 안정을 추구하는 보수적 경향으로 돌아선 탓이다. 자신들 공동체 안에서 이미 하느님의 지배가 시작되고 있다는 생각이 그와 인격적 관계종교적 행위를 맺는 데 더욱 유익했다고 볼 수 있다. 여하튼 포로기를 거친 이스라엘 민족들 내부에서 하느님의 미래적 종말론적 통치를 믿는 예언자진보 집단과 하느님의 현재적 신정정치를 신봉하는 제사장적 층위보수들 간의 갈등이 존재할 수밖에 없었다.[27] 이 와중에서 하느님 통치의 미래적 지평은 백성들의 현재적 고통과 깊이 연루된 사안이기에 결코 망각될 수 없다는 것이 구약성서의 핵심주제다.

이방 민족들에 의한 침탈과 정치적 지배가 극에 이르면서 이스라엘 민족은 본격적으로 미래적 종말을 기대하기보다 하느님 나라에 대한 묵시적 도래를 소망하게 되었다.[28] 앞선 소小묵시록이 여기서 확실하게 재현되고 있는 것이

26) TRE, 185~186쪽.
27) TRE, 187쪽.
28) TRE, 187~188쪽. 샤가리아서 12~14장, 다니엘서 1~12장 참조.

다. 보았듯이 묵시적 하느님은 악의 근원처인 세상을 완전히 정복하고 새로운 세대를 도래케 하는 존재로 고백된다. 미래적 종말론과 다른 것은 묵시록이 이스라엘의 신정神政체제를 비롯한 세속, 세계권력 일체를 인정하지 않는데 있다.[29] 영원한 능력을 지닌 인자人子의 도래로 말미암아 현 세계가 완전히 심판되며 이스라엘이 참된 하느님 백성으로 새롭게 부활 소생하는 때가 온다는 것이다. 이것은 전장에서 언급된 새로운 세대로서의 천국영생 개념과 잇댄 언술이다. 이렇듯 전 세계의 묵시적 죽음과 이스라엘 민족에게 발생하는 새 하늘과 새 땅에 대한 이해는 신약성서 시대로 이어져 원시 기독교 공동체에 큰 영향을 미치게 되었다. 정리한다면 구약성서 전반에 걸쳐 나타난 '하느님 지배' 사상은 주변의 정치적 변동에 따라 신정정치의 형태로, 미래적 종말론의 형태로 그리고 마지막으로는 현실을 전적으로 부정하는 새로운 세대에온의 도래 형태로 그 옷을 갈아입었다고 볼 수 있다. 마지막 묵시록에는 거듭된 이방 지배에 의해 극에 달한 이스라엘 민족의 고통에 대한 보상이 반영되어 있다. 즉 억울하게 죽은 조상, 선조들의 삶을 헛되이 만들지 않으려는 의지의 산물이란 것이다. 그러나 간과할 수 없는 것은 이를 위해 묵시적 종말이 비록 당대 이란 종교의 이원론적 종교 표상을 차용했으나 차안적 현실 자체를 부정하는 데 목적이 있지 않고 오히려 일종의 영적 양극성을 지닌 초의식超意識으로서 이 땅에 전적으로 새로운 세계가 열리기를 바라는 데 본 뜻이 있

29) TRE, 188쪽.

다는 사실이다.[30] 따라서 묵시문학적 자산을 한국 교회가 인습화된 천국관을 공고히 할 목적으로 사용하는 것은 삼가야 옳다.

2) 신양성서 속의 '하느님 지배'와 '하느님 나라' 이해

학자들 간의 논란이 없지 않으나 대개 신약성서, 즉 원시 기독교는 전술한 후기 유대교 묵시문학의 영향사 속에 있었다는 것이 정설이다. 신약성서학자 R. 불트만에 의하면 원시 기독교는 구약성서, 유대교를 비롯한 밀의종교, 영지주의 그리고 스토아 사상의 영향을 받은 종교혼합주의적 현상이다.[31] 이는 공관복음서뿐 아니라 바울서신 전체를 일컬을 때도 해당된다. 하지만 하느님 나라에 대해서는 구약성서와 유대교의 관계성만을 논하는 것이 옳다. 바울서신 등에서는 하느님 나라와 같은 개념이 상대적으로 실종되는 까닭이다.[32] 즉 공관복음서가 자주 사용하는 하느님 나라바실레이아 투 데우는 구약성서가 말한 하느님 지배말쿠트와 근본적으로 다르지 않다는 사실이다. 특별히 다니엘 등의 후기 묵시문학이 강조했듯 임박하게 다가올 하느님의 종말적 지배에 대한 생각은 공관복음서에 지대한 영향을 주었다. 오래전이긴 하나 A. 슈바이

---

30) 이신, 이은선 · 이경 엮음, 《슐리얼리즘과 영의 신학》, 동연, 2011, 3~5장 내용 참조.
31) R. 불트만 지음, 허혁 옮김, 《서양 고대 기독교 사상사》, 이대출판사, 2003.
32) 바울서신에서는 유대인들이 많이 사용하던 하느님 나라를 비롯하여 메시아 등의 개념이 사라지고 '그리스도안의 존재엔 크리스토' 혹은 주님퀴리어스이 많이 등장한다. 이는 바울서신의 탈유대주의 성향을 드러내는 것이다.

처는 예수조차 이런 묵시문학적 세계관 속에 젖어 있었다고 말한 바 있다.[33] 여하튼 마지막 때에 인자人子가 도래할 것이고 그에 의해 세상은 심판받고 하느님의 새로운 지배가 시작된다는 것다니엘서7:14은 공관복음서의 지배적인 모티브임에 틀림없다.[34] 그럼에도 공관복음서 속에는 하느님의 현재적 지배를 찬양하는 지혜서의 시각이 없지 않다.[35] 현 세상 속에서도 이미 하느님은 세상의 왕이란 고백인 것이다. 그러나 이것은 묵시적 종말과 대척되는 주제는 아니다. 이들 양자는 모두 시제時制만 다를 뿐 하느님의 지배에 대한 확고한 믿음을 적시하기 때문이다. 현재와 미래를 막론하고 하느님의 지배가 일어나는 곳이 바로 하느님 나라라는 것이 이들의 공통된 견해다.

주지하듯 공관복음서는 예수 선포의 핵심이 하느님 나라에 있다고 전한다. 여기서 '바실레이아' 즉 나라란 것은 여기서 특정 '영역공간'에 대한 개념이라기보다 하느님의 지배가 수행되는 '상태'와 더욱 관련 깊다는 것이 성서

---

33) A. 슈바이처, *Die Geschichte des Leben Jesu Forschung*(Tuebingen, 1933). 그러나 M. 보그 같은 최근의 역사적 예수 연구가들은 예수를 오히려 지혜문학서 전통에서 보여지는 현자의 이미지로 그려내고 있다. M. 보그, 김기석 옮김, 《예수 새로 보기》, 한국신학연구소. 하지만 묵시문학 연구가인 이신 역시 E. 케제만의 명제, "묵시문학은 기독교 신학의 모체였다"는 주장에 근거하여 예수 안의 후기 유대교 영향사를 오히려 강조하고 있다. 이신, 《슐리얼리즘과 영의 신학》, 43쪽. E. Kaesemann, *The Beginning of Christianity, New Testament Question of Today* (Philadelphia: Fortress press, 1960), 12쪽.

34) TRE, 196쪽.

35) TRE, 197쪽.

학자들의 공통된 생각이다.[36] 하지만 이 두 개념을 양자택일적으로 보는 것 역시 불필요한 것임을 상기시킨다. 흔히들 하느님 나라로 들어간다고 말할 경우 권능힘의 공간영역을 생각할 수도 있기 때문이다. 그럼에도 하느님 나라가 온다마6:10, 눅19:11는 것이 더 잦은 용법인바, 이는 하느님의 지배가 출현하는 실상을 각인시킨다. 여하튼 마지막 때에 하느님 지배가 결정적으로 생기生起한다는 확신 속에 두 시각이 공존할 수 있음을 인정하고 있다. 물론 그렇다 해서 공간을 신령한 몸을 지닌 개인이 거주하는 피안적 장소로 오해할 수는 없는 노릇이다. 이 경우 장소, 곧 영역이란 하느님 지배가 미치는 구체적 범위라 생각하면 좋을 듯싶나. 그렇기에 성서신학사전이 하느님 지배와 하느님 나라를 동일 항목에서 다루고 있는 것이다. 여기서 중요한 것은 예수의 하느님 나라 즉 하느님 지배가 탈脫이스라엘을 목적하고 있다는 점이다. 마지막 때의 하느님 지배를 함께 말하고 있으나 유대인들의 범주를 벗겨냈기에 이스라엘 민족들이 하느님의 새 백성이 될 나라와 예수의 하느님 지배가 동일하지 않게 된 것이다.[37] 예수의 묵시적 하느님 지배가 유대교의 그것과 달라지는 결정적인 지점이라 하겠다.

말하였듯 예수 선포의 핵심은 의심할 나위 없이 하느님 나라, 하느님 지배이다. 그러나 이에 대한 면밀한 검토가 좀 더 필요하다. 예수의 하느님 나라지

36) TRE, 200쪽.
37) TRE, 200~201쪽.

배가 종말론묵시적 도래를 뜻하는지 혹은 미래적 차원을 적시하는지 아니면 현재적인 지혜서적 특징을 지니고 있는가를 밝힐 필요가 있는 것이다.[38] 탈脫유대교 차원을 언급하는 것만으로 인습적 천국과 변별되는 예수의 하느님 지배 사상이 충분히 설명되지 않는 까닭이다. 우리는 예수가 하느님 나라를 말할 때 항시 비유를 사용한 것을 알고 있다. 하지만 은유로 표현된 하느님 나라는 실상 하느님 나라와 결코 동일하지 않다. 단지 예수는 비유를 통해 청자聽者들에게 마지막 때를 지금 여기서 선취先取할 것을 요구한 것이다. 대다수 비유가 예수의 하느님 나라를 기다려야 할 종말의 것으로 묘사하나 그 하느님이 지금 여기서 활동하고 있다는 것이 예수가 전하고자 하는 바였다.[39] 누룩의 비유눅13:20이하, 마13:33이하를 통해서 우리는 예수의 하느님 지배나라를 가늠할 수 있다. 여기서 하느님 나라는 현재적으로 숨겨진 상태로 있으나 하느님이 지배하는 미래적 영광을 반드시 드러낼 것이고 이런 미래적 지배는 말씀비유을 접한 청자의 실존 속에서 지금 현실적이 된다.[40] 이에 반해 마태복음 13장 44~50절의 '밭에 묻힌 보물', '진주를 구하는 상인' 등의 비유는 하느님 나라의 현재성을 강조한다.[41] 청자가 하느님 지배를 지금 긍정Ja할 경우 바로 현실이 된다는 것이다. 하느님 나라를 긍정한다는 것은 일체 다른 가치를 포기할 만큼 하느님 지배가 강력하게 역사함을 뜻한다. 예컨대 일꾼으로 부

---

38) TRE, 201쪽.
39) TRE, 202쪽.
40) TRE, 202쪽.
41) TRE, 202~203쪽.

름 받은 시점은 다를지라도 각자에게 동일한 임금이 주어지는 실상은 기존 가치로는 헤아릴 수 없는 하느님 지배의 현실태마20:1~16인 것이다. 이 점에서 하느님 나라의 미래와 현재는 나뉠 수 없을 만큼 밀접하다. 물론 성서에는 비유 이외의 방식으로 하느님 나라를 언급한 곳이 있다. 특별히 주기도문에 임박한 하느님 나라에 대한 도래에 대한 확신이 언표된 것이다.[42] 예수는 자신이 선포한 하느님 나라의 종말론적 도래를 결코 의심치 않았다. 하느님 나라가 아주 가까이 있다는 확신을 갖고 공생애를 사신 까닭이다. 예수의 귀신축출이 바로 권능을 갖고 도래할 하느님 나라를 적시하는 한 사건일 것이다. 하지만 예수는 스스로 어떤 징조나 일정을 언급하지 않았다. 이 점에서 시한부 종말을 말하는 것은 비성서적이며 예수의 의도와도 무관하다. 오히려 예수는 종종 하느님 나라가 '너희들 안에 있다unter euch' 고 말씀하셨다.[43] 하느님 나라의 급작스런 도래를 인간 내면성 속에서의 하느님 지배의 현재성으로 선포한 것이다.[44] 하느님이 지금 우리 속에서 주님이 됨으로써 하느님 나라의 미래성을 우리들의 처분에 맡겨 놓은 것이라 하겠다. 여기서 우리는 이스라엘이란 민족적 경계를 탈주했던 것 이상으로 묵시적 종말론의 새 차원 내지 변형을 접할 수 있다. 주기도문을 통해 예수는 하느님 나라의 도래를 오로지 기도를 통해서만 청원할 수 있다고 가르쳤기 때문이다.[45] 실제로 예수는 때가

---

42) TRE, 204쪽.
43) TRE, 204~205쪽.
44) TRE, 205쪽.
45) TRE, 205쪽.

찼다는 확신은 있었으나 '지금'을 악한 현재로서 주체화하지는 않았다. 즉 묵시적 종말론이 상정하듯 현실을 두 적대적 세력 간의 투쟁처로 여기지는 않았던 것이다.[46] 오히려 예수는 자신의 임박한 종말기대를 역사 속으로 연장시키지 않았고 오히려 미래와 현재를 '나눌 수 없는 하나'로 연결시켰다고 하겠다. 예수의 원수 사랑, 선한 사마리아인의 이야기들은 시작되고 있는 하느님 나라를 위해 인간이 살아야 할 당위적 표본으로 역할하고 있다. 때론 그것이 현실 정치에 대한 전복을 요구할 수도 있는 예수의 제자도Nachfolge를 적시한다.[47] 이렇듯 하느님 나라가 예수의 말씀 속에서 현재화될 수 있기에 종말론적 소망은 이스라엘은 물론 개인을 넘어 우주적 차원으로 확장될 수 있다.[48] 이것은 전승된 묵시적 하느님 나라사상에 대한 새로운 해석으로서 예수 종교인 기독교의 본래성을 각인시키는 중대한 사안이다. 이로써 현실 교회가 선포하는 천국 사상의 허상과 세대에온의 도래를 영생이자 하느님 나라로 보는 성서적 실상이 극렬히 대비될 수 있을 법하다. 물론 마태복음 곳곳에서 '하늘' 또는 '하늘나라'라는 개념이 사용됨으로써 '하느님 나라'의 피안적, 공간적 특성이 강조될 여지도 있을 수 있다.[49] 예컨대 '하늘에서 풀면 땅에서도 풀릴 것이요, 땅에서 매면 하늘에서도 매일 것이요'의 본문이 그 경우

46) TRE, 205쪽. 또한 예수 자신은 후기 유대교 묵시문학이 기대한 인자人子를 자신과 동일시한 적이 전혀 없다. 하느님 나라 내지 하느님 지배와 인자와의 관계를 주제화 시키지도 않았음을 주목해야 할 것이다.

47) TRE, 206쪽.

48) TRE, 207쪽. 이를 일컬어 '하느님 나라의 보편성'이라 명할 수 있다.

49) TRE, 209쪽. 마 16:19, 18:18 이하 구절을 참고하라.

다. 이는 희랍적 하늘 개념이 차용된 것이긴 하나 하느님의 지배가 하늘로부터 땅에 이르기까지 보편적인 것을 강조할 목적으로 쓰였음을 유념할 일이다. 공간개념으로서 하늘나라는 하느님의 정의로운 지배가 일어나는 차원으로 수용하면 좋을 듯싶다. 이외에도 디모데후서와 같은 목회서신 속에서도 종종 피안적 형태의 그리스도 지배에 대한 언급을 찾을 수 있다.[50] 여기서 우리는 하느님 대신 그리스도가 나타나고 미래적인 것이 내세적으로 바뀌는 상황을 목도하나 이것은 헬라적 풍토에서 정착된 제도적 기독교의 양상이라 이해하면 좋을 것이다. 요한계시록 역시 유대교 묵시문학에 상응한 방식으로 묵시적 종말에 대한 기대를 담고 있다. 하지만 이것 또한 로마에 의해 고통 받고 있는 당시 상황에서 전 세계를 지배하는 하느님의 권능Pantokrator을 고백하는 것으로서, 무게중심이 여전히 현실에 있는 것이 명확하다. 그렇다고 하느님 나라가 현재 속에서 충분히 경험될 수 있다고 말할 수 없을 것이다. 단지 예수의 설교, 행위들 속에서 하느님 지배의 현재성이 드러났음을 언급할 뿐이다. 하늘나라의 피안공간성과 임박한 종말의 때에 대해서 성서는 명확히 언급하지 않았다. 그렇기에 우리는 하느님 지배, 하느님 나라란 개념 속에서 세계를 구원코자 하는 하느님의 사랑의지를 읽을 수 있으면 충분하다. 성서는 결코 현 세계를 버리고 나선 타 세계로의 여행을 구원이라 말하지 않고 그 세계를 천국이라 명하지 않는다. 하느님 나라는 결코 초세계적이지도 반세계적

50) TRE, 213쪽. 딤후 4:18. "주님께서 나를 모든 악한 일에서 건져내시고 또 구원하셔서 그분의 하늘나라에 들어가게 해주실 것입니다…."

인 것일 수 없다는 것이 성서의 증언이다.[51] 하지만 하느님 나라지배는 그것이 교회일지라도 그와의 동일성도 거부하기에 인간 윤리에 도전일 것이며 그 실현을 위한 지속적인 과제를 우리에게 안겨줄 것이다.

3. 초자연적 표상인 부활, 승천, 재림의 교리에 대한 재해석

예수 탄생 이야기를 빼면 마태와 누가복음 두 곳을 잃게 되지만 부활을 빼버리면 신약성서 전체와 초기 기독교 역사 전체가 실종된다[52]는 말이 있을 정도로 부활은 기독교에 있어 결정적 사건이자 초자연적 형태로 고백된다. 부활이 없으면 그리스도를 향한 믿음이 헛것이라 말할 정도다. 이런 확신의 근거로 예수의 빈 무덤과 제자들 앞에 나타난 예수의 현현 등이 자주 언급된다. 성서에 증거된 이런 객관신앙적 사실을 토대로 신앙인들은 인습적으로 죽어서 신령한 몸으로 부활하여 천국에서 주님과 함께 거할 것을 소망한다. 이런 영적, 곧 비물질적 몸의 부활의 근거가 바로 바울의 저작인 고린도전서 15장 44절이다.

"죽은 사람의 부활도 이와 같습니다 … 자연적인 몸으로 심는데, 신령한 몸으로

---

51) TRE, 241~242쪽.
52) 톰 라이트, 《마침내 드러난 하나님 나라》, IVP출판사, 2012, 93쪽.

살아납니다. 자연적인 몸이 있으면 신령한 몸도 있습니다."

그러나 신령한 몸, 곧 살아생전의 몸과 비연속선상에 있는 이런 부활의 상태는 너무도 자주 플라톤적인 개념으로 잘못 해석되어 왔다. 즉 바울이 말한 두 종류의 몸을 잘못 해석했다는 것이다. 그의 본뜻은 인습적으로 이해되듯 현재 상태의 물리적 육체와 미래의 영적 몸육체 간의 대조가 아니라 영혼을 지닌 평범한 인간 삶과 하느님 영에 따라 살게 될 미래적 육체의 차이를 말하는 데 있었기 때문이다.[53] 이 관점은 하느님 지배나라에 대한 앞선 논거와 정확히 맥을 같이하고 있다. 만약 전자의 경우로 부활을 이해한다면 바울은 하느님의 창조 질서를 부정한 영지주의자이거나 플라톤주의자일 수밖에 없다. 그러나 부활은 단지 천국에 들어가거나 죽음을 면피하는 것 또는 비물질육체적 상태로의 회귀가 아니라 육체의 죽음 이후 다시 육체의 삶으로 되돌아오는 것을 적시한다.[54] 달리 말하면 부활은 세례를 통해 그리스도와 함께 죽고 그와 더불어 다시 사는 것으로서 이전과는 전혀 다른 윤리적 삶을 살게 되는 상태란 것이다. 이를 일컬어 성서학자 톰 라이트는 유대교 묵시사상의 바울적 변형이라 하였다. 부활의 문자적 의미를 수용하되 유대인들의 민족영토적 기대 대신 인간 존재의 전적 회복이란 새 차원을 부가했기 때문이다.[55] 초대교회 시기 모진 박해에도 불구하고 사자 밥으로 던져진 기독교인들은 이 점에서 하느님 영을 따랐기에

53) 위의 책, 94쪽.
54) 위의 책, 96쪽.
55) 위의 책, 99쪽.

육체의 부활을 이룬 존재들이었고 반면 박해를 피해 도망친 이들은 오히려 부활의 언어를 개인의 영성과 이원론적 우주론으로 해석한 영지주의자들이었다고 충분히 말할 수 있다.[56] 따라서 예수의 부활 사건은 그것의 현세상성, 현시대성을 강조한다. 즉 하느님의 전적인 새 창조가 지금 여기서 시작되었고 그에 합당한 삶을 통해 그의 나라를 이 땅에 임하게 할 책무가 우리에게 있다는 말이다. 십자가에 달려 처참하게 죽은 예수에게 일어난 어떤 일, 곧 부활사건이 하느님의 새로운 시대에온가 현재의 시간 속으로 뚫고 들어온 것으로 해석됨으로써 기독교는 유대교와 다른 길을 걸을 수 있었다. 그것은 예수의 죽음에도 불구하고 하느님 나라지배가 여전히 진행되고 있다는 확신이었다.[57] 그렇기에 부활을 단지 체험적인 종교적 은유와 같은 것으로 볼 수는 없는 노릇이다. 왜냐면 당대 제자들이 부활한 예수를 목격했으며 두려움을 버렸고 그에 따라 행동했기 때문이다. 이 점에서 부활은 현 세계 안에서 시작되는 새 창조의 도전이라 하겠다.[58] 이런 기독교신앙은 결코 사적일 수 없고 역사 한가운데서만 생기生起할 수 있다. 따라서 부활, 곧 새 창조의 도전은 역사와 과학조차도 초월하며 품을 수 있는 희망적 인식의 산물이다.[59] 분명 부활신앙은 당시 일어났던 사건

---

56) 위의 책, 104~105쪽.

57) 위의 책, 118쪽.

58) 위의 책, 128~129쪽.

59) 위의 책, 134~137쪽. 여기서 희망은 현실을 전혀 다르게 인식한다는 차원에서 사랑의 다른 말이기도 하다. 이 경우 사랑은 앎의 새 차원으로서 역사와 과학을 부정하지 않으면서도 그를 충분히 초월할 수 있다. 객관과 주관의 반정립을 극복하기 때문이다. 하느님이 주가 되는 새로운 세상에서 살게 되는 부활은 이런 사랑의 인식론을 가능케 한다.

을 믿어 천국에 가는 것에 본뜻이 있지 않고 지금 우리가 살고 있는 21세기에 다시 희망—하느님 지배—을 발견하는 사안으로 믿어야 옳다.

그럼에도 지금껏 기독교인들은 사적인 구원을 강조한 탓에 하느님 새 창조라는 틀을 간과했고 따라서 육체를 탈脫한 상태로 영혼의 천국행을 말한 희랍적 내세관에 길들여져 왔다. 이런 확신 이면에는 여전히 부활 이후 예수의 승천과 재림이란 초자연적저세상적 표상이 큰 역할을 했다. 부활이 지닌 희망의 인식론은 소위 근대적 진보사관과 다르지만 본질적으로 물질과 현상을 거부하고 영혼의 피안적 이동과도 거리가 멀다. 주지하듯 기독교는 초기 역사로부터 물질세계가 악하기에 거기서 벗어나야 한다는 영지주의자와 결별을 선언했다.[60] 하지만 시공간적 물질의 세계를 필멸의 세계라 보고 순수 영적인 존재가 사는 세상을 동경하게 된 것은 신약성서 속에 유입된 헬라철학 및 영지주의를 비롯한 밀의密意종교들의 영향사로 인함이다. 바로 승천과 재림의 표상이 이런 거리 속에서 이해되었던 것이다. 그러나 신구약성서를 막론하고 본래 이원론을 언급한 적이 없다. 하느님 보기에 좋았던 선한 세상이 하느님과 다르지 않다는 것이 기독교적 확신이었다. 한편으로 기독교 신앙이 '신즉자연神卽自然'을 말하는 범신론을 주장치 않는 것은 너무도 당연하다. 하느님

60) 기독교는 영지주의와의 결별을 위해 상대적으로 덜 이원론적인 플라톤주의와 손을 잡았다. 플라톤의 동굴의 비유가 적시하듯 현상은 초월을 가리는 어두운 것일 뿐 영지주의가 말하는 악과는 다소 거리가 있기 때문이다.

피조물로서 창조 안에는 늘 변화가 있기 마련인바, 때론 인간을 자신의 노예로 속박시키는 성질이 있는 까닭이다.[61] 이런 우주자연이 궁극적으로 창조주와 조화롭게 되는 것을 성서는 구원이라 했고 하느님 계획의 성취라 불렀다.[62] 여기서는 죽음 그 자체가 사라진다. 죽음 이후 비육체적 상태로 존재한다면 그것은 죽음이 달리 설명될 뿐 없어지는 것이 아니다.[63] 죽음의 완전 무화無化, 바로 그것이 하느님이 만유萬有 안에 계신 우주적 구원의 상태다. 앞서 본대로 하느님의 지배, 새 창조의 도래를 일컫는 말이다. 기존 창조세계를 거부하지 않고 그것을 모태로 새 창조를 잉태함으로써 하느님과 세계가 다시 하나가 되는 것이다. 여기서도 하느님은 이 세상에 오시는 분으로 고백된다. '하늘에 있는 것이나 땅에 있는 것 모두가 그리스도 안에서 충만함을 바라기 때문이다엡1:10.'

이렇듯 비이원적 창조세계를 길게 서술한 것은 곡해된 승천을 옳게 이해할 목적에서다. 승천이란 말의 뜻하는 바가 교회 안팎의 혹자가 생각하듯 우주공간 어딘가로 수직상승하는 게 아니란 것이다. 승천 역시 우주 전체가 다르게 생각될 때 그 적실한 의미를 드러낼 수 있을 뿐이다. 즉 하늘을 플라톤적 사유공간 틀로부터 자유롭게 하란 말이다. 성서에 따르면 하느님은 하늘뿐 아

---

61) 로마서 8장 18~25절의 내용 참조.

62) 때론 이를 골로새서 1장 15~20절에서 말하듯 '우주적 그리스도'라 칭하기도 한다. 위의 책, 166쪽.

63) 위의 책, 177쪽.

니라 땅에도 계시고 미래만이 아니라 죄의 지배하에 있는 현재에도 존재하는 분이다.[64] 그렇기에 성서는 하늘과 땅을 말할 경우 비물질적 세계와 물질적 세계를 대별하지 않고 오히려 시공간 안에서 전혀 다른 시공간의 창출 즉 전혀 다른 시공간적 현실과 일상적 시공간 간의 차이를 일컫는다.[65] 동일한 시공간 안에서 인간은 자신의 영토를 탈脫하여 하느님 공간으로 재再영토화할 수 있기 때문이다. 어느 면에서 기독교의 핵심인 성육신 역시 이 땅 위에서 하느님을 재再영토화시킨 원형적 사건이라 말할 수 있겠다.[66] 따라서 승천한 하느님의 공간과 우리가 있는 공간은 상호 다르지만 지금 여기서 얼마든지 맞물려 존재할 수 있다. 이들 양자가 궁극적으로 새롭게 결합될 수 있다는 것이 성서가 말하는 승천 사상의 핵심이다. 하늘로 오르신 분이 다시 이 땅에 올 것이란 재림 사상이 잇대어 존재하는 까닭이다. 아울러 승천은 예수께서 우리와 함께하면서도 부재하는 신비를 적시하는 탓에 설령 그것이 교회일지라도 예수와의 동일시를 거부하기에 기독교의 자기 비판적 역할로서 의미가 크다.[67] 기독교의 자기 함정인 낙관적 승리주의를 면피할 수 있기 때문이다. 이처럼 하느님의 공간과 우리의 공간은 예전 신정통주의 신학K. 바르트이 주장하는 것처럼 그렇게 멀지 않다.

---

64) 위의 책, 187쪽.
65) 위의 책, 192쪽.
66) L. Schreider, *Beyond Monotheism – A Theology of Multiplicity*(Abingdon Press, 2008), 53~74쪽.
67) 톰 드라이버, 《마침내 드러난 하느님 나라》, 189~190쪽.

말했듯 이 세상을 통치하면서도 하늘에 오른 예수는 하느님 지배의 완성을 위해 이 땅에 다시 올 것이란 것이 재림 표상이다. 하지만 '다시 온다' 는 그 말 역시 승천이 달리 생각되었듯이 다른 설명이 필요할 것이다.[68] 재림에 대한 문자적 이해 때문에 그간 수없는 사이비 종교단체들이 건전한 기독교 신앙세계를 어지럽혔다. 자신을 재림주로 동일시하던 교주들도 여럿이었고 어느 경우는 특별한 시점때을 상정했으며 특정 지역에서의 재림을 말하는 뭇 이론들이 활개를 쳤던 것이다. 최근까지 재림한 주님에 의해 세상으로부터 천국으로 들려 올려지는 휴거의 때가 도래했으니 자신들 교회에서 그 지복至福을 누리라는 유사 기독교의 이야기가 신문 사회면을 장식한 바 있다. 여하튼 기성 교회 안에서도 아직은 아니나 언젠가 이런 상태가 위로부터 올 것이라 믿고 가르친다면 폐해를 야기 시킨 그들을 온전히 비판할 자격은 사라질 수 있을 것이다. 대다수 인습화된 기독교인들에게 재림이 죽은 자와 산 자를 심판하러 오는 그분에 의해 세상은 파멸되고 소수의 신앙인들만이 천국행 티켓을 얻는 일쯤으로 여겨지는 것은 대단히 안타까운 일이다. 이런 유형의 재림은 편 가르고 진노하는 불신자들에게 대가를 치르게 하는 복수의 신神, 끝내는 세상을 파괴하는 신神을 상상토록 할 뿐이다. 이런 식의 재림 사상은 오히려 기독교 신앙체계를 무너뜨리고 만다.[69] 초대 교회가 임박한 종말, 곧 예수의 재림을 기대한 것은 사실이나 당대 신앙인들은 세상의 끝을 열망한 것이

68) 위의 책, 194쪽.
69) 위의 책, 200쪽.

아니라 현 세상 속에서의 질적 변화를 바랐던 것이다.[70] 이 점에서 재림은 하느님이 준비한 미래, 즉 하느님 지배나라가 시작되었다는 징표로서 유대교적 종말론이 창조적으로 변형된 것이라 이해하면 정당할 것이다. 여하튼 재림은 부재승천했던 예수 그리스도의 구체적 현존을 일컫는 말일 뿐이다.

그렇다면 예수가 우리에게 다시 온다는 것, 재림의 문자적 의미를 넘어선 본뜻을 분명히 해보자.[71] 이것은 부재하나 세계를 통치하는 세상의 주님이 현실 속에 직접 나타나 세상의 질서를 세우고 바르게 통치할 것이란 확신의 표현이다. 예배 속에서 영으로 임재하나 몸으로 부재한 주님께서 몸으로 현존할 것이며 그로 인해 세상이 질적으로 달라질 것이란 고백인 것이다. 바로 이런 상태를 언표할 수 있는 단어가 '파루시아종말' 뿐이었다. 유대교의 경우 종말, 곧 파루시아의 때란 하느님께서 유대민족을 온갖 적으로부터 구원하는 날을 말하나 기독교의 경우 이것은 예수의 궁극적 현현, 즉 카이사르가 아니라 하느님이 주가 되는 시점을 뜻했다.[72] 물론 아직은 아니나 예수가 다시금 현현하는 마지막 때란 하느님 지배의 완성, 곧 만물이 그에게 복종하는 상태란 것이다빌3:21. 이때에 비로소 죽음도 없게 된다. 죽음의 무화無化는 오직 하

70) 위의 책, 201쪽. 이와 함께 동일 저자의 1992년 저술 *The New Testament & The People of God*의 내용을 참고하라. 이 책은 《신약성서와 하느님 백성》(크리스찬다이제스트, 2008)으로 국내에서 출간되었다.

71) 필자는 이런 시각을 'UNDERSTAND'에 반해 'OVERSTAND'라 명명한다. 이는 최근 돌아가신 김흥호 목사께 배운 말이다. 이하 내용은 위의 책 212~213쪽을 정리한 것이다.

72) 톰 라이트는 여기서 정치 신학적 함의를 크게 인식한다.

느님 지배 하에서만 가능한 일인 까닭이다. 바울이 데살로니가전서 4장 17절에서 '공중에서 주님을 만난다' 고 썼던 것 역시 핍박하던 권력자들과 대면에서 생겨난 일종의 수사학으로서 휴거론자들이 주장하는 것과 근본에서 다르다. 하늘과 땅이 하느님의 지배 하에서 하나가 되는 상태, 그래서 이 땅의 속박으로부터 자유롭게 되는 것을 묘사하기 때문이다. 다시 말해 하늘과 땅이 본래 상호 교차하며 침투하는 공간이기에 주의 재림은 '오는' 것이 아니라 오히려 숨겨진 상태에서 드러나는顯現 것이라 보면 좋을 듯싶다.[73] 그렇다면 오는 목적이 세상의 심판이란 것은 무슨 의미일까? 상상하겠으나 재림, 즉 주님의 현현으로 세상이 전혀 다른 곳으로 변한다는 것을 적시한다. 우선 여기서 인간은 누구나 자신의 행위로 인해 미래적 심판의 대상인 것이 전제되어 있다. 흔히들 바울이 이신칭의以信稱義로 인해 행위를 부정했다고 생각하나 실상은 그 반대란 것이 톰 라이트의 생각이다. 오히려 행위에 따른 미래적 심판이 바울 칭의론의 기초인 것을 강조하고 있다.[74] 현재적 사건인 칭의가 미래시점의 행위에 따른 심판과 상호의존적 관계를 맺고 있기 때문이다.[75] 이런 맥락에서 예수의 오심 즉, 현현顯現은 인간을 포함한 현 세상의 총체적 변화를 뜻하는바 이를 위해 세상과 맞서는 방식으로 현존한다고 말할 수 있어야 한다. 이렇듯 예수의 승천과 궁극적 현현顯現 오심 사이에 살고 있는 우리 인간들 역시 세상과 맞서되 그렇다고 그를 거절하는 이원론도 거부하면서 세상을 복

73) 위의 책, 221쪽.
74) 위의 책, 226쪽. 로마서 14:9~10, 고린도후서 5:10 참조.
75) 위의 책, 227쪽.

종시킬 책무를 걸머지고 있는 것이다.[76] 그럼에도 재림의 표상은 하느님 나라가 인간이 세울 수 있는 어떤 것이 아니라 그분으로부터 유래하는 현실태인 것을 환기시킨다. 교회 역시도 하느님 나라와 등가가 아닌 것은 확연하다. 단지 우리는 세상 속에서 하느님 나라지배와 일치되는 일을 행할 뿐이며 이 일을 함에 있어 지치거나 좌절하지 않는 소망을 교회를 통해 배울 뿐이다.[77]

> "예수가 이미 주님이시고 이 세상의 심판관으로 다시 나타날 것을 믿는 사람들은 그것을 믿지 않는 사람들과는 다르게 이 세상에서 살고 생각하라는 부름을 받았고 그리할 준비가 되어 있어야 한다."[78]

이는 교회의 역할과 사명을 환기시키는 것으로서 교회가 오히려 세습, 자본주의화 등의 문제로 사회적 문제가 되는 현실에서 시사하는 바가 너무 크다.[79] 이 역할에 상응하는 삶이 없다면 교회는 더 이상 교회가 아닌 것이다.

---

76) 위의 책, 231쪽. 이 점에서 톰 라이트는 기독교가 불교나 힌두교와 같은 종결 없는 종교들과 다른 세계관을 갖고 있다고 보았다. 이 경우 세상을 복종시키는 삶의 방식을 십자가 곧 죽기까지 복종한 종의 모습을 말하고 있다.

77) 위의 책, 231~232쪽.

78) 위의 책, 233쪽. 저자는 여기서 교회의 정치적 역할까지 강하게 염두에 두었다.

79) 이원규, 《힘내라 한국교회》, 동연, 2009, 3장 부분 참조.

4. 하느님 나라와 구원의 관계성에 대한 신학적 성찰 – 하느님 나라의 통합적 이해

이상에서처럼 기독교적 구원의 궁극성을 피안彼岸에서 찾는 것은 오히려 희랍적이라는 사실이 밝혀졌다. 또한 개인적 차원의 영적 구원 상태가 하느님 나라의 본질이 아닌 것도 충분히 드러났다고 생각한다. 기독교란 본래 현실을 부정하고 90도 상승된 이데아의 세계를 동경했던 플라톤 철학과 달리 이 땅의 구원을 위해 하느님이 인간의 몸을 입었다고 믿는 90도 하강의 종교인 까닭이다. 그렇기에 기독교는 '0도=360도'의 세계관을 지닌 불교와도 전적으로 구별된다. 산은 산이고 물은 물인 주객 분열된 현실현상 세계를 비판하고 그것을 부정하나 그를 재再긍정하는 연기법과 공유될 수 없는 전적 타자적초월적 관점을 탈각시키지 않은 탓이다. 따라서 기독교가 '가는' 천국을 부정하고 '오는' 혹은 '드러나는' 천국을 말했을 경우에도 '이' 세계차안가 바로 '그' 세계피안라고 기독교는 말할 수 없다.[80] 그럼에도 피안성을 본질로 여긴 종래의 기독교와 견줄 때 이른바 '오는' 천국관을 지닌 기독교는 불교를 비롯한 아시아 종교들과의 대화를 훨씬 용이하게 만든다. 인간과 모든 피조물들이 공존하는 이 세상을 전적으로 새롭게 하는 것이 종교들의 공통 과제가 된 까닭이다. 즉 인간이 거주하는 땅과 천상天上 하늘이 각기 물질과 비물질적 영역으로 양분될 수 없음이 모든 종교들에 있어 주지의 사실이

80) K. 니시다니 지음, 정병조 옮김, 《종교란 무엇인가?》, 대원정사, 1990, 1장 논문 참조.

된 것이다. 물론 행위주체의 우선성에서 여전히 차이가 있겠으나 '오는' 기독교는 이전의 자신과 견줄 때 이웃종교들과 더 많은 공통감을 충분히 지닐 수 있다.

거듭 말하지만 하느님의 미래적 통치가 이뤄질 곳, 즉 하느님 나라는 바로 이 땅, 회복된 땅을 일컫는다. 우리가 있는 곳으로 예수가 이 땅에 오실 때 생겨나는 새로운 공간이 바로 천국인 것이다. 죽음의 공간이 탈취되어 생명의 공간으로 재再영토화되는 것이라 말할 수 있다. 하지만 이런 천국관을 옳게 이해한다면 그것이 단지 미래가 아닌 현재적 비전으로 거듭날 수 있다.[81] 예컨대 가난하고 병든 자, 직장을 빼앗겨 철탑위에 오른 자 등 구원을 요청하는 수많은 현장들, 즉 본래 아름다웠으나 망쳐버려진 이 세상은 지금 하느님의 궁극적 미래통치를 긴급하게 지금 이곳으로 돌려놓을 수 있다는 말이다.[82] 예수 역시도 자신이 미래적 차원에서 약속한 것을 현재에 행했고 바로 그것을 보고 당대의 사람들이 예수를 믿었던 것이다. 이처럼 예수의 미래적 약속, 하느님 지배는 타락된 육체로부터의 영혼구원이 아니라 애통하는 현장의 소리를 듣고 사람들을 구해냄으로서 현재에서 창조계가 온전히 구속되는 경험을 하는 데 그 목적이 있었다.[83] 하느님의 통치나라 또는 미래의 부활은 이처럼

---

81) 톰 드라이버, 위의 책, 296.

82) 앞의 책, 297.

83) 앞의 책, 297. 오재식, 〈내게 꽃으로 다가오는 현장〉 기독교서회 2012. 평생 에큐메니칼 진영에서 기독교 사회 운동가로 살았던 오재식은 고통의 현장이 자신을 부르는 한 송이 꽃과 같았다고 증언하였다. 피하고 싶고 눈감아 버리고 싶은 것이 현장일 터인데 그는 그곳에서 하느님의 향기를 맡은 것이다.

현재의 일을 지속하는 것과 유관하다. 이런 일들이 바로 하느님 나라를 세우는 일인 까닭이다. 하느님 나라는 우리의 육체를 쓸모없게 만들지 않고 그것을 위한 위대한 미래를 적시한다. 즉 하느님 나라, 천국은 단지 죽음 이후의 삶에 대한 표상이 아니라 이 땅에서의 전적으로 새로운 창조에 대한 약속이란 말이다.[84] 그렇기에 구원은 이제 죽음 이후 하늘나라에 가는 것이라 단연코 말할 수 없다. 육체의 죽음과 함께 시작된 영혼의 탈출이 결코 구원의 본뜻이 아니란 이야기이다. 시공간과 물질의 세계로부터의 일탈을 구원이라 한다면 아무리 교회가 그리 전傳한다 하더라도 비기독교적일 수밖에 없다.[85] 하지만 수없는 찬송가 가사를 비롯하여 전승된 예전들 그리고 영지주의적 색조가 짙은 성서구절들에 의거, 강단에서는 오늘도 이런 식의 구원이 선포되는바, 이것이 바로 인습화된 다수 교회의 실상이자 풍경이다. 보수 복음주의자 랍벨이 《사랑이 이긴다》는 책을 쓸 수밖에 없었던 것은 바로 이런 맥락을 탈脫하고자 함이었다. 그것은 원시 기독교가 부정했고 투쟁했던 영지주의의 복권이자 성서에 영지주의적 색조를 덧입혀 버린 것이다.

따라서 구원은 하느님의 미래, 즉 그가 세울 새 하늘과 새 땅에서 새로운 생명으로 태어나는 일이다. 이것은 죽음 이후의 삶이 아니라 죽음 이후의 삶 그 이후의 차원과 관계한다.[86] 죽음 이후의 삶이 죽음 이전의 삶을 무가치하게

84) 앞의 책, 299.
85) 앞의 책, 301.
86) 앞의 책, 304-305.

만드는, 즉 주로 영적인 상태를 적시했다면 죽음 이후의 삶 그 이후란 현재세상의 삶을 중시하면서도 새로운 육체를 입고 사는 현실태를 말한다. 물론 이는 하느님의 지배가 시공간 물질 속을 뚫고 들어오는 사건부활이 있을 때 가능할 수 있다. 하느님 지배는 육체를 지닌 죽음 이전의 삶을 결코 무력화시키지 않으며 오히려 그것을 부활되어야 할 주체로 만들고자 한다. 죽음 이후의 삶이 영적으로 이해되는 한 그것은 죽음을 본질적으로 이겼다고 할 수 없다. 죽음이 육체를 다른 상태로 이동시켰을 뿐이다. 하지만 새 창조 속에서 영원히 죽지 않는 육체를 갖고 살 때 비로소 죽음 그 자체가 무화無化될 수 있게 된다. 이처럼 기독교인들에게 있어 구원은 시공간과 물질이 궁극적으로 치유되고 변화되는 하느님의 미래적 통치라 여겼다.[87] 하느님이 이룰 새로운 세상천국이 바로 구원이었던 것이다.

이런 구원이해는 예수의 대속사상을 달리 보도록 이끈다. 예수가 개개인의 죄를 대신하여 십자가를 졌기에 인류 모두가 구원을 얻었다는 것이 사영리적 속죄론의 정설이었으나 이제는 예수의 십자가가 인간 및 하느님의 피조물을 타락시켜 노예화시키는 악의 세력 일체를 정복한 사건으로 고백될 수 있다. 이는 구원의 틀거리 자체를 달리하는 것인바, 인간뿐 아니라 인간 외적 피조물에게도 구원의 우주 보편적 차원을 보여준다. 인간 자신의 영혼만 구

87) 앞의 책, 306~307쪽. 신약성서 곳곳에는 구원이 인간의 육체적 치유와 관계된 부분임을 적시한다. 이는 더 큰 미래적 차원에서도 그리될 것이란 암시를 준다. 구원이 단지 영적인 차원이 아니란 것이다.

원받지 않고 우주만물 전체가 구원을 받는 일이 하느님 지배의 본질이란 것이다. 이를 위해 자연 생태계를 위한 인간의 책임을 기독교는 강조한다. 하느님 지배의 미래적 차원을 믿는 일은 삶현실 속에서 그의 목적을 지향하는 것으로서 지금 여기서 그 가치를 실현시키는 것과 무관치 않다. 즉 자연을 지키는 청지기성을 미래로 연기할 수 없다는 것이다. 따라서 구원은 미래만이 아니라 현재적인 것이며 우리를 위해 우리를 통해 행하시는 하느님 일이라 하겠다.[88] 하느님 미래가 이미 현세적 시공간을 침범해 들어왔음을 믿고 이런 점령이 세상 속에서 지속되기를 간구기도하면서 그 가치에 부합되게 사는 것이 바로 구원인 것인데, 그런 삶을 통해 하느님은 이 세상에서 자신의 주권통치을 옳게 세울 수 있다.[89] 결국 성서는 하느님 나라가 이 땅에서 시작될 수 있고 지상에서의 악을 패배시켜 죽음이 사라진 새 창조를 이룬다는 서사를 담고 있다. 자신을 따르는 추종자만을 천국으로 인도한다고 가르치는 책이 아니란 것이다. 기독교가 중시하는 속죄, 구속 등의 교리는 바로 새 창조를 이루기 위한 도상의 사건들일 뿐이다. 하느님의 통치는 그 나라의 차안적 실현을 위해 인간의 현재뿐 아니라 미래를 구원하며 인간을 통해 더 큰 세상우주을 총체적으로 구원할 것이다.[90]

88) 앞의 책, 309쪽.
89) 앞의 책, 310~311쪽.
90) 앞의 책, 314~315쪽.

나가는 글

이상에서 우리는 기독교의 천국관을 살펴보았다. 인습적인 기독교 신앙에 젖어 있던 신앙인들에게 이 글의 논지는 실망과 충격일 수도 있겠다. 기독교에 별반 기대를 두지 않던 일반인들에게 천국을 대신하는 하느님 지배란 개념이 오히려 호감을 가져 올 수도 있을 법하다. 여하튼 이 글의 신학적 입장은 보수 복음주의도 아니며 그렇다고 과격한 진보적 시각을 대변하지도 않았다. 온건 중도적인 신학적 입장을 갖고 잘못된 기독교 내세관을 수정하는 것을 필자가 감당할 책무라 느꼈던 것이다. 따라서 여기서는 필자 개인의 신학적 견해를 피력하는 것을 가능한 한 삼갔다. 신구교를 막론한 여러 원루급 신학자들의 부활신앙을 가감 없이 전했으며 독일어권에서 정평을 받은 신학사전 TRE의 내용을 섭렵하여 소개한 것도 이런 이유에서였다. 말했듯 랍 벨의 책 《사랑이 이긴다》는 보수 복음주의를 배경으로 한 책이나 배타적 구원관, 영혼구원, 공간적 천국행에 관심하는 인습적 기독교 체제를 넘어서고자 쓴 책이었다. 그리고 톰 드라이버의 《마침내 드러난 하느님 나라》는 역사적 예수상을 복원하려는 진보적 역사적 예수 연구가들과 토론하며 그들의 한계를 지적하며 쓴 책으로 균형 잡힌 책이라 평가 받고 있다.[91)]

---

91) 본 책에서는 주로 J. 크로산과의 논쟁을 다루고 있다. 크로산을 비롯한 M. 보그와 같은 역사적 예수 연구가들은 부활 이전의 예수상과 이후의 그리스도를 분리시켰던 반면 톰 드라이버는 양자 간의 일치를 주장했다. 이는 부활의 역사성을 강조한 것으로 이로 인해 하느님 나라, 혹은 하느님 지배 이념을 철저하게 강조할 수 있다고 역설했다. M. 보그와 톰 드라이버 간의 논쟁은 다음 책을 참조하라. 이정배, "'다석 신학' 에서 본 역사적 예수 기독론", 《빈탕한데 맞혀놀이–다석으로 세상을 읽다》, 동연, 2011, 45~74쪽.

이 글의 주 내용을 채웠던 위 세 책들의 공통점은 한마디로 기독교의 천국이 차안을 떠난 피안적 공간일 수 없다는 확언에 있었다. 죽어서 육체를 떠난 인간 영혼이 홀로 가는 천국은 없다는 말이다. 그것을 오히려 이교적인 것이라 하였다. 대신 '하느님 지배가 이뤄지는 곳이 천국'이라는 말이 구약성서로부터 이어진 기독교의 핵심이다. 하느님의 지배는 그러나 미래에서 완전히 이뤄질 것이나 현재에서 이미 시작되고 있다고 믿는다. 비록 예수의 행위 속에서 실현된 종말을 보는 학자들도 있으나 하느님 나라의 도래 혹은 임재를 기다리는 것이 보편적 기독교의 정서다. 성서에 기록된 승천, 재림 등의 표상이 여전히 중요한 까닭이다. 하지만 이 경우 도래라는 것 역시 피안적 공간을 상정한 언사는 아니다. 초대교회에서 사용된 하늘, 하늘나라가 희랍적 공간 개념과 같을 수 없기 때문이다. 전적으로 다른 세대에온가 오로지 이 땅에서 생기할 수 있음을 적시할 뿐이다. 그렇기에 하느님의 지배, 즉 전적인 새 창조는 기존 창조를 대체하지 않고 그 안에서 발생한다. 현 세계가 인습적 천국신앙이 말하듯 부정과 혐오의 대상이 아니란 것이다. 결국 하느님 지배는 인간을 포함한 우주 전체가 정의와 평화의 공간으로 바뀌는 상태라 보면 좋을 것이다. 인간 개인뿐 아니라 피조물 전체가 함께 달라질 수 있는 영역인 셈이다. 이런 천국은 그러나 감 떨어지듯 기다리는 곳이 아니라 스스로 침노해야 할 장소라고 성서는 묘사한다. 하느님 지배가 현재에서 이뤄지기를 소망하라는 것이다. 하느님의 뜻이 하늘에서 이뤄졌듯이 땅에서도 성사되기를 몸과 마음을 다해 비는 것이 기독교적 천국관의 본질이라 하겠다. 결론적으로 기독교가 말하는 하느님 나라, 천국은 현재와 미래, 개인과 전체, 육체와 영혼 그리고 차안과 피안의 경계를 넘어 두루 관통해 있다. 지금껏 어느 한 쪽을 강변한 인습적 천국관의 한계와 폐해가 두드러진 현실에서 이들 각 영역을 아우르는 천국관은 기독교의 존재이유와 사명감을 이 땅위에 더욱 각인시킬 수 있을 것이다.

한국인의 유토피아

이한구
경희대 특임교수

1. Homo Sperans : 인간은 꿈꾸는 존재다[1)]

삶이 즐겁기도 하지만 동시에 고달프기도 하다는 것은 부인할 수 없는 현실이다. 자연의 적대적인 힘을 전혀 제어할 수 없었던 옛날의 삶은 기술문명을 건설한 오늘날의 삶과 비교해서 훨씬 더 고통스러웠을 것으로 추측된다. 불가항력적인 자연의 혹독한 도전에 대항하면서 생존하는 일은 쉬운 일이 아니었을 것이다. 생명존중이나 인권의 개념도 없고 질병을 치료할 의료기술도 없던 시절 생명을 유지하는 것은 아마도 지금보다 훨씬 힘겨운 투쟁의 연속이었을 것이다.

삶이 고단할수록 그 반대의 안락한 삶을 희구하는 것이 인간의 본능이다. 호모 스페란스Homo Sperans는 희망인, 희망하는 존재, 꿈꾸는 사람이다. 이것은 인간에 관한 규정 가운데서 비교적 낯설지만, 호모 파베르Homo Faber나 호모 에코노미쿠스Homo Economicus 만큼이나 중요한 의미를 갖는다고 할 수 있다. 판도라의 상자 속에 마지막 남겨진 것이 '희망' 이었다는 그리스 신화는 의미심장하다. 희망은 인간의 본래적 성향이라 할 수 있다. 우리는 미래를 꿈꾸거나 기대하지 않고 살아가기 어렵다. 이것은 칸트가 '형이상학에 대한 추구' 를 이성의 거부할 수 없는 성향이라고 한 것과도 유사하다.

---

1) 이 글의 이론적인 부분은 '유토피아에 대한 역사철학적 성찰과 유형화' (한국철학회, 《철학》제 110집, 2012.2)를 기초로 수정 · 보완한 것이다.

보다 안락한 삶, 보다 살기 좋은 세상에 대한 갈망은 수많은 기록으로 남겨졌다. 이상향理想鄕이 그것이다. 이상은 우리의 꿈이고, 향은 고향에서 보듯 마을이나 장소로 우리가 살고자 바라는 곳이다. 문명화 이전의 사람들도 마찬가지로 안락하고 평화로운 삶을 희구했겠지만, 기록으로 남은 것이 없으니 문명화 이후의 삶으로 추측할 수 있을 뿐이다.

이상향은 어떤 측면을 강조하느냐에 따라 다양한 모습으로 우리에게 나타난다. 처음 사람들은 척박하여 살기 힘든 자연환경이 아니라 안락하게 살 수 있는 삶의 터전을 희구했다. 바로 낙원paradise이다. 낙원은 자연의 혜택이 최대한으로 우리에게 주어졌을 때 그려지는 우리의 환경이며 우리가 사는 삶의 터전이다. 말하자면 우리의 희망을 극대화하여 더 이상 바랄 것이 없는 자연환경이다. 파라다이스의 특징은 우리가 만드는 것이 아니라 자연의 혜택에 의해 행운처럼 우리에게 주어진다는 것이다.

종교적 이상향은 절대자의 은총에 의해 펼쳐지는 새 세상이다. 종교에 따라 여러 가지 명칭이 붙어 있지만, 불교의 정토세계, 동학의 후천개벽, 기독교의 천년왕국 등 새로운 세상에 대한 갈망은 다양한 모습으로 나타난다. 종교적 새 세상의 특징은 기본적으로는 절대자의 은총이 중심을 이룬다는 점이다.

유토피아 즉 이상사회는 우리가 원하는 대로 사회를 설계할 수 있다고 했을 때 그려지는 사회의 모습이다. 여기서는 우리 스스로가 만드는 사회체제가 중심이 된다. 이것은 자연의 혜택이나 절대자의 은총에 의해서가 아니라, 전적으로 인간의 노력에 의해 성취되는 세계다. 그러므로 유토피아는 낙원이나 종교적 새 세상보다는 훨씬 나중에 출현하며, 지식인 계층이 출현하고 나서야 가능하다.

많은 사람들이 낙원과 종교적 새 세상과 유토피아를 모두 유토피아라고 부르기도 한다.[2] 그렇지만 이상향을 모두 유토피아라고 부르는 용어법은 지나치게 포괄적이어서 혼동을 불러일으킨다. 유토피아는 그 말의 의미에서도 나타나듯이 단지 수동적으로 주어진 자연환경을 가리키는 것은 아니다. 그것은 정치, 경제를 비롯한 이상적 사회체계에 대한 구상을 반드시 포함해야 하며, 인간의 능동적인 사회디자인이나 사회공학을 함축하고 있어야 한다. 절대자의 은총을 배경으로 삼는다 하더라도 적어도 이를 실현하고자 하는 인간의 노력을 부분적으로 함축하고 있을 때 유토피아의 범주에 포섭될 수 있다.

이 글에서 나는 이들을 가능한 한 엄격하게 구분하면서, 한국인의 유토피아가 어떤 모습이었는지를 살펴볼 것이다.

2. 낙원과 종교적 새 세상, 유토피아는 어떻게 구별되는가[3]

유토피아 이야기는 우리가 원하는 대로 살 수 있다면 그것은 어떤 모습의 사회인가에 대한 것이다. 유토피아는 우리를 짓누르는 현실의 장애물과 제약

---

2) 이종은 외 5명, "한국문학에 나타난 유토피아 의식 연구", 《도교의 한국적 변용》, 아세아문화사, 1996; 서신혜, 《조선인의 유토피아》, 문학동네, 2010 참조.

3) 유토피아utopia와 파라다이스paradise의 자세한 구별에 관해서는 이한구의 논문 '열린 유토피아'(《인문과학》 제35집)을 참조할 것.

을 제거해 버린 상상의 사회이지만, 동시에 우리의 꿈과 희망을 담고 있는 사회다.

이상사회나 이상국가로 번역되는 유토피아utopia는 처음부터 이중적 의미를 갖는 말이었다. 토머스 모어는 이 말을 장소의 의미인 토포스topos와 두 개의 접두사, 즉 좋음의 의미인 'eu'와 부정의 의미인 'ou'를 결합해서 만들었다. 좋은 곳good place이지만 동시에 실제로는 어디에도 존재하지 않는 곳no place이다. 그러므로 이 두 의미 중 어느 것을 강조하느냐에 따라 유토피아의 의미가 '공상사회'라는 의미를 갖기도 하고, '이상사회'라는 의미를 갖기도 한다. 더 나아가 두 의미가 결합되어 지금은 존재하지 않지만 미래의 어느 시점에서는 존재하게 될 이상사회를 의미하기도 한다. 블로흐Ernst Bloch가 유토피아utopia를 아직 없는 것noch-nicht, 즉 아직은 현실화되지 않은 미완성의 현실태로 규정한 것은 이런 맥락에서다.[4)]

최근에 이 말은 여러 분야에 활용돼 건축의 유토피아, 음악의 유토피아, 예술의 유토피아 등으로 사용되기도 한다. 그렇지만 좋은 삶, 좋은 사회에 관한 모든 상상을 유토피아라 할 수 있을까? 유토피아가 성립하는 조건들은 무엇인가?

유토피아utopia는 낙원paradise이나, 불교의 정토세계, 동학의 후천개벽, 기독교의 천년왕국millennium, 이데올로기ideology 등과 보다 정확하게 구별할 필

---

4) Ernst Bloch, *The Principle of Hope I*, trs., N. Plaice et al. (Cambridge, Mass.: 1986), 116쪽 이하; 박설호 옮김, 《희망의 원리》 1~4, 열린책들, 2004.

요가 있다. 각각의 말들이 사용되는 맥락과 배경이 다르기 때문이다.[5)]

이들 중 가장 오래된 말이 파라다이스paradise다. 낙원은 일체의 괴로움이 없을 뿐만 아니라 행복으로 충만한 곳이다.[6)] 문명화가 진행되면서 각 민족들은 고단한 현실 생활을 잊고 지친 삶을 위로하기 위해, 혹은 마음속에서나마 절망적인 현실에서 벗어나는 희망을 갖기 위해, 나름대로 낙원의 신화나 전설을 발전시켰다. 낙원에 관한 수많은 이야기들은 대체로, 사람들이 순박하여 다툼과 전쟁이 없이 평화로우며, 자연의 풍요로 의식주 걱정이 없고, 무병장수하며, 성적 쾌락을 포함하여 온갖 즐거움을 누리는 내용들로 채워져 있다.

이런 특성들이나 조건들을 만족시키는 낙원들은 해상낙원海上樂園과 산중낙원山中樂園, 천상낙원天上樂園과 지상낙원地上樂園 등으로 구별할 수도 있다.[7)] 기독교의 성서를 중심으로 한 에덴동산의 이야기는 낙원paradise의 한 전형을 이룬다. 단테Dante의 〈신곡〉이나 밀턴Milton의 〈실락원〉은 모두 이런 지상낙원을 둘러싼 이야기들이다. 뿐만 아니라 낙원의 특성들을 얼마만큼 극단화시키느냐에 따라 더욱 환상적인 낙원을 그릴 수가 있다. 이 세계는 인간이 생각할 수 있는 가장 환상적인 세계다. 모든 욕망은 억제됨이 없이 충족된다. 누구든

---

5) Frank E. Manuel & Fritzie P. Manuel, *Utopian Thought in the Western World* (Cambridge, Mass.: The Belknap Press of Harvard University Press, 1979), 33쪽 참조.

6) paradise의 어원은 고대 페르시아어의 pairidaeza인데, 주위pairi를 둘러싸다daeza의 합성어로서 귀족들이 사냥을 즐기기 위해 울타리로 둘러친 사냥감이 풍부한 수렵 동산을 의미하는 것이었다.

7) 천상낙원에 대해서는 John Ashton & Tom Whyte, *The Quest for Paradise: Visions of Heaven and Eternity in the World's Mtths and Religions* (NewYork: Harper Collins, 2001); G. Friedrich, H. Küng 지음, 김균진 옮김, 《유토피아니즘과 기독교》, 종로서적, 1986 참조.

'젊음의 샘' 에서 솟아나는 물을 마시고 늙지 않고 청춘을 구가할 수 있다. 모두가 노동에서 해방되어 있으며, 어떠한 수고나 노동의 대가도 지불함이 없이 무한대의 물질적 향유와 쾌락을 누릴 수 있다. 이러한 세계를 우리는 특히 환락원歡樂園 Cockaigne이라 부른다.

동양의 파라다이스paradise는 노장사상老莊思想이니 불교와 깊은 연관을 갖고 있다. 장자莊子의 〈무하유지향無何有之鄕〉은 어떠한 꾸밈도 없는 자연 그대로의 낙원을 의미하는 것이며, 도원명陶淵明의 무릉도원武陵桃源에 관한 이야기는 이 세상에는 존재하지 않는 별천지인 이상향을 노래한 것이다. 이 도화원기 이래로 동양에서는 복숭아꽃이 피는 마을이 낙원의 상징처럼 되었다.

낙원이 어떤 특정한 장소가 아니라 어떤 시대를 가리킬 때, 그것은 황금시대Golden Age로 나타난다. 장구한 역사를 가진 민족들은 제각기 자신의 역사 속에서 가장 살기 좋았던 황금시대를 갖고 있다. 이집트의 라Ra 시대, 인도의 크리타 유가KritaYuga시대, 중국의 3황5제三皇五帝시대, 그리스의 크로노스Cronos시대 등이 황금시대라 할 수 있다.

그리스 시대 헤시오드Hesiod의 〈일과 날들Works and Days〉은 황금시대에 관해 잘 서술하고 있다. 황금시대에는 사람들이 돌보지 않아도 곡식은 잘 자라 풍요로운 결실을 맺으며, 폭력도, 고통도, 슬픔도 없으며, 사람들은 잠들 듯이 죽음을 맞는다. 로마시대 오비드Ovid의 〈변신Metamorphoses〉도 황금시대를 노래한 것이다. 이 시대의 사람들은 법률이나 처벌 없이도 올바른 행위를 하며, 전쟁이나 분쟁도 없고, 대지는 인간의 노력 없이도 풍요로움을 선사해주고, 꿀은 무성한 참나무에서 빗물처럼 흘러내리고, 우유는 강물처럼 흘러넘친다. 루소J.J.Rousseau가 '자연으로 돌아가라' 고 했을 때도 이런 목가적 황금시대를 염두에 두었다고 할 수 있다.

불교의 이상향은 정토세계다. 정토淨土는 중생들이 사는 현실세계인 예토穢土에 대립되는 청정한 세계로 부처나 보살들이 사는 곳이다. 정토는 원래 대승불교의 이상향이었지만, 아미타불의 신앙이 유행함에 따라 아미타불의 불국토인 극락세계와 동일시되었다.

동학의 후천개벽사상은 하늘의 운이 다해 지금의 세계는 끝이 나고 백성들이 바라는 새로운 세상이 온다는 사상이다. 최제우崔濟愚가 전개한 이 사상은 조선조 말 혼란의 시기에 현실세계에서 고통 받는 사람들에게 대단한 희망의 메시지를 던졌고, 이를 계승한 손병희孫秉熙의 천도교天道敎는 3 · 1독립운동에서도 중심적인 역할을 수행했다.

기독교의 천년왕국millenium은 종말론에 기초한 이론이다. 요한 계시록에는 예수 그리스도가 재림하여 최후의 심판이 올 때까지 천년 동안 이 지상을 다스리게 되어 있다. 이 거룩한 나라는 순교자들과 의로운 자들만이 살 수 있는 세상이며, 이 시대는 최고의 축복시대다. 천년왕국의 특성은 낙원이나 황금시대가 과거 회귀적인 데 반해, 미래 지향적이라는 데 있다. 천년왕국의 사상은 서양 중세의 민중 십자군 운동, 17세기 영국의 디거파Diggers, 19세기 미국의 쉐이커파Shakers와 모르몬파Mormons, 20세기 여호와의 증인 등을 통해 계승되고 있다.[8]

---

8) 박양식, '천년왕국주의', 《서양의 지적 운동》 66쪽 참조.

이들 종교적 새 세상은 자연의 혜택에 의해 가능한 것이 아니라, 신의 은총에 의해 가능하다는 점에서 낙원이나 황금시대와는 구별된다.

유토피아는 다음 몇 가지를 전제한다는 점에서 이들과는 구별된다.[9)]

· 자연은 인간들의 모든 욕망을 무한대 충족시킬 정도로 풍요롭지 않다.
· 인간들도 천사처럼 선한 본성만을 갖고 있지는 않다.
· 살기 좋은 세상은 신의 은총에 의해서가 아니라 인간의 손으로 만들어 가야 한다.

이런 전제들은 환락원歡樂園이나 낙원樂園이 전제하고 있던 무한한 자연적 풍요와는 거리가 있는 매우 현실적인 가정이다. 유토피아는 무한대의 자연적 풍요나 천사 같은 인간의 심성이나 신의 은총 같은 것을 전제하지 않기 때문에, 사회체제social system와 과학기술science-technology에 남다른 관심을 갖지 않을 수가 없게 된다. 재화의 부족을 전제할 때 인간의 욕망은 무한대로 충족될 수 없고, 이런 저런 형태의 제약은 불가피해진다. 그렇다면 누구의 어떤 욕망을 어떤 정도로 제약해야 할 것인가 하는 문제가 당장 제기된다. 어떤 구세주나 선지자가 전지전능한 힘으로 이 문제를 해결해 줄 것으로 기대할 수도 없다. 남은 길은 우리의 이성을 최대한 활용해 사회체제에 대한 제대로 된 청사

9) 유토피아의 특성과 유형에 관해서는 김영한, 《르네상스의 유토피아 사상》, 탐구당, 1983, 9쪽 이하 참조.

진을 만들어 이를 기초로 스스로 창조하는 길뿐이다.

이런 요건들을 기초로 우리는 유토피아에 대해 세 가지 측면에서 접근할 수 있다. 내용, 형식, 기능이 그것이다.[10]

내용적인 측면에서 보면 유토피아는 좋은 사회good society에 관한 담론이어야 한다. 이것은 단순히 개인적 취향을 드러내는 이야기가 아니라, 다른 역사적 상황이나 다른 사회에서도 중요성을 가지는 내용이어야 한다. 또한 유토피아는 단순히 개인의 심리적 상태에 관한 이야기일 수 없다. 그것은 사회적 구조나 체제에 관한 논의가 중심이 되어야 한다.

형식에 있어서는 비교적 자유롭다고 할 수 있다. 그것은 문학, 역사, 신학, 철학, 사회학, 정치이론, 심리학 등에서 여러 가지 형태로 다룰 수 있다. 유토피아의 기능적인 측면을 고려할 때 오스카 와일드Oscar Wilde의 다음과 같은 말은 자주 인용된다.

> 유토피아를 포함하지 않는 지도는 일고의 가치도 없다. 왜냐하면 그것은 인류가 항상 도달하고자 하는 한 나라를 빠뜨리고 있기 때문이다. 그리고 인류가 그곳에 도착하면, 잠시 둘러보고 더 나은 나라를 찾아서 항해를 계속한다. 진보란 유토피아의 실현이다.[11]

---

10) Ruth Levitas, *The Concept of Utopia*(NewYork: Philip Allan, 1990) p.4ff.

11) Oscar Wilde(1891), 'The Soul of Man under Socialism', in *Selected Essays and Poems* (Penguin: London, 1954) p.34.

이런 이야기는 유토피아가 결국 우리가 나아갈 길을 밝히는 북극성의 기능을 갖고 있음을 암시한다. 추구하는 목표는 멀리 있을 수도 있고, 가까이 있을 수도 있다. 그렇지만 그것은 우리를 이끌고 인도한다.

3. 한국인의 유토피아 : 대동사회

유토피아에 대한 추구는 인류의 보편적인 성향이지만, 자연환경이나 전통에 따라 다양한 모습으로 나타난다. 한국인의 유토피아는 넓은 의미에서 대동사회大同社會다. 대동은 큰 도가 행해지고 모두가 하나 되는 사회로 유교문명이 추구하는 영원한 유토피아다.

대동사회는 《예기》 예운편에 다음과 같이 설명되어 있다.

> 대도大道가 행해지는 세계에서는 천하가 공평무사하게 된다. 어진 자를 등용하고 재주 있는 자가 정치에 참여해 신의를 가르치고 화목함을 이루기 때문에, 사람들은 자기 부모만을 친하지 않고 자기 아들만을 귀여워하지 않는다. 나이든 사람들이 그 삶을 편안히 마치고 젊은이들은 쓰이는 바가 있으며 어린이들은 안전하게 자라날 수 있고 홀아비 · 과부 · 고아, 자식 없는 노인, 병든 자들이 모두 부양되며, 남자는 모두 일정한 직분이 있고 여자는 모두 시집갈 곳이 있도록 한다. 땅바닥에 떨어진 남의 재물을 반드시 자기가 가지려고 하지는 않는다. 사회적으로 책임져야 할 일들은 자기가 하려 하지만, 반드시 자기만이 할 수 있다고 생각하지

는 않는다. 이 때문에 간사한 모의가 끊어져 일어나지 않고 도둑이나 폭력배들이 생기지 않는다. 그러므로 문을 열어놓고 닫지 않으니 이를 대동이라 한다.

그것은 시대의 변천에 따라 다양한 모습으로 나타난다. 우리의 역사에서는 지치주의의 도덕국가, 신분의 평등사회, 실학의 민본사회가 그것이다.

1) 지치주의의 도덕국가

지치주의는 인간에 의해 다스려지는 이 세상이 바로 하늘의 이치에 맞는 이상세계가 되도록 해야 한다는 주장이다. 지치至治란 《서경書經》 군진편軍陣編의 '지치형향 감우신명至治馨香 感于神明'에서 따온 것으로, 그 의미는 잘 다스려진 인간세계의 향기는 신명을 감명시킬 수 있다는 것이다.

이 지치주의 운동의 중심에는 조광조趙光祖가 있다. 조광조의 지치란 왕도王道의 다른 이름이며, 도道에 의한 정치를 의미한다.

"나라를 다스리는 것은 도道일 뿐이다. 이른바 도란 솔성率性을 말한다."[12]

《정암집靜庵集》에 집약되어 있는 그의 사상은 다음과 같이 요약할 수 있다.[13]

---

12) "所以 治國者 道而已. 所謂 道者 率性之謂也" 조광조, 《정암집》 권 2對策.

13) 한국철학회 편, 《한국철학사》, 동명사, 1987, 148쪽 이하 참조.

하늘과 사람은 하나로 연결된 합일체다天人無間

하늘의 이치는 인간의 일과 분리되지 않는다天理不離人事

∴ 사람에 의해 다스려지는 세상은 하늘의 이치가 실현된 이상사회가 되지 않으면 안 된다至治主義

이것이 지치주의 운동의 철학적 정당화 논리다. 이 논증에서 대전제 천인무간天人無間은 중국의 성리학이 수용되는 과정에서 정립된 한국 성리학의 결정적 특성이라 할 수 있다. 이러한 사상은 나중에 동학에서 사람이 곧 하늘이라는 인내천人乃天으로 나타난다. 소전제는 대전제로부터 파생된 것으로 볼 수도 있고, 그것과는 다르게 별도로 이해할 수도 있다. 이런 두 전제로부터 지치주의가 나타난다.

물론 이런 논증은 엄격하게 논리적인 논증이라고 보기는 어렵다. 결론의 당위판단은 전제의 사실판단으로부터 논리적으로 도출될 수는 없기 때문이다. 정확하게 논리적으로 말한다면 결론은 '사람에 의해 다스려지는 세상은 하늘의 이치가 실현된 이상사회이다' 가 되어야 한다. 즉 '이상사회이다(존재)' 가 '이상사회이어야 한다(당위)' 로 변형되어 논리적 타당성이 확보되지 않는다. 이런 논리적 문제점에도 불구하고 존재와 당위의 불일치는 새로운 과제를 우리에게 부과한다. 말하자면, 원래는 존재와 당위가 하나로 일치해야 하지만, 여러 원인들에 의해 존재와 당위가 불일치하게 된 부조리한 현실을 우리의 노력에 의해 일치하도록 만들어야 한다는 과제가 그것이다. 여기에 지치주의 운동의 요체가 있다.

그렇다면 어떻게 이상사회를 만들 것인가? 조광조를 비롯한 지치주의 운동을 주도한 사람들이 생각한 방법은 두 가지다. 하나는 통치자인 왕이 성인이 되거나, 다른 하나는 성인이 통치자인 왕이 되거나 하는 길이다. 성인은 수양을 통해 자신의 이기심을 극복하고 천리를 따를 수 있는 능력을 갖춘 사람이다. 이런 사람이 통치를 하면 성군이 될 수 있고, 태평성대를 열 수 있다. 그것이 첫 번째의 길이다. 그렇지만 세습체제에서 왕은 성인이 아닐 수도 있다. 그럴 경우 신하들이 왕을 수양하게 해서 성인으로 만들어야 한다. 이것이 두 번째의 길이다.[14)]

왕이 수양을 하더라도 타고난 자질의 한계 때문에 성인이 결코 되지 못할 수도 있을 것이다. 이럴 경우 다른 사람을 왕으로 바꿀 수밖에 없다는 결론이 나온다. 바로 혁명을 정당화하는 사상이다.

지치주의가 추구하는 도덕국가는 여러 측면에서 플라톤의 이상국가와 유사하다. 특히 지도자가 도덕적 인간이 되어야 한다는 점에서 그렇다. 플라톤은 인간의 이기심을 극복하기 위해 지도자 계급의 일부일처제의 결혼을 금지시켰지만, 지치주의는 그렇게까지 전진하지는 않았다. 그러나 내면적 수양을 강조함으로써 그와 비슷한 경지로 나아가고자 했다. 특히 최고 통치자에 대한 견해에서는 두 사상이 전적으로 일치한다. 이상국가를 건설하기 위해서는 왕이 철인이 되거나 철인이 왕이 되거나 두 가지 길밖에 없다고 플라톤도 주장했다. 플라톤이 말하는 철인은 지치주의가 추구하는 성인과 비슷하다.

---

14) 이동준, 《유교의 인도주의와 한국사상》, 한울아카데미, 1997, 426쪽 이하 참조.

도덕적인 측면에서는 모두 사적 이기심을 극복한 자들이며, 하늘과 세상의 이치를 터득한 자들이다.

조광조의 지치주의 운동은 근본 골격은 유지되면서도 부분적으로는 수정, 보완되면서 계승된다. 율곡 이이는 정치적 실천을 위해 개인적 수양이 필요함을 인정하면서도, 수양 후 정치 실천이 아니라 실천하면서 수양하는 길을 추구하며, 전적으로 수양에 초점을 맞추기보다는 실천 중심으로 강조점을 옮기고자 했다. 이것은 현실을 고려한 지치주의의 변형이었다고 할 수 있다.[15]

지치주의 운동에서 나타난 사상적 특징은 융평사상隆平思想이다. 이것은 현재의 낮은 상태를 끌어 올려서 평등하게 한다는 것이다. 말하자면 하향평준화가 아니라 상향평준화다. 이것이 이상적인 세계다. 이런 이상적인 세계를 만들기 위해서는 불합리한 현실의 철저한 개혁이 필요하다.

2) 신분의 평등사회

조선 중기 교산 허균의 작품으로 알려진 〈홍길동전〉(1618)은 우리나라 최초의 한글 소설이면서 동시에 최초의 유토피아 소설이라고 할 수 있다.[16] 대체로 유토피아 이야기가 현실의 반명제이듯, 허균이 활동하던 시대 역시 임진왜란과 집권층의 수탈로 인해 극심한 혼란의 시기였다. 또한 허균은 형조

15) 위의 책 참조.

16) 강동엽, '허균과 유토피아', 《한국어문학연구》, 한국어문학연구학회, 2003; 구지현, '홍길동의 율도국, 한없이 현실에 가까운 유토피아', 《내일을 여는 역사》, 신서원, 2007 참조.

참의, 좌참찬 같은 높은 벼슬에 올랐지만, 세 번이나 파직당하는 불운한 시절을 보내기도 했다. 1618년 허균은 역적모의를 하였다 하여, 그의 동료들과 함께 저잣거리에서 능지처참을 당했다.

어떤 면에서 보면 허균은 〈유토피아〉(1516)를 출간하여 근대 유토피아 사상을 촉발시킨 서양의 토머스 모어Thomas More와 비슷하다. 모어 역시 런던 부지사, 재무부 차관, 대법관까지 지냈으나 당시 헨리 8세 왕이 교회의 주권자를 겸임하려는 것에 반대한다는 이유로 런던탑에 투옥된 뒤 처형되었다. 허균보다 약 100년 전 일이었다. 토마스 모어는 당시 영국의 곡물 값이 폭락하여 농민에게 큰 위기가 닥치고 거지와 실업자가 들끓는 사회적 혼란 속에서 사유재산제도를 비판하고 사회적 평등을 주장하는 유토피아를 썼던 것이다.

홍길동전의 줄거리는 대략 다음과 같다.

(1) 도입부

① 홍길동은 조선조 세종조 때 이조판서 홍판서의 시비 춘섬의 소생이다. 홍판서가 용꿈을 꾸고 속으로 크게 기뻐한 후 정실부인 유씨와 합방하려 했으나, 부인이 거절하므로 시비 춘섬과 관계하여 한 옥동자를 낳으니, 그가 바로 길동이다.

② 길동은 점점 자라 8세가 되매 총명이 남달라, 하나를 들으면 백을 통하나, 근본이 천생이라, 10세 넘도록 감히 부형을 부르지 못하고, 또한 비복 등에게 천대받음을 각골통한刻骨痛恨 한다.

③ 상공은 길동이 육도삼략과 천문지리를 공부함을 알고, 크게 근심하고 밤이면 잠을 이루지 못하고 이로 인하여 병을 얻는다. 상공의 총첩 초란은 질투심으로 자객을 시켜 길동을 없애자고 부인과 인형을 추동한다.

여기까지가 대체로 도입부라고 할 수 있다. 전체적으로 홍길동전은 고대 건국신화로부터 시작해서 조선 후기 영웅소설로까지 이어지는 영웅의 일대기라는 서사적 구조를 갖고 있다. 판서의 아들로 태어나지만 정통 적자가 아닌 서자이며, 특별히 총명하며, 주변의 음모에 의해 생명의 위기를 맞는다. 이런 도입부도 영웅전의 주인공들이 고귀한 혈통의 인물이면서, 비정상적인 태생의 비밀을 갖고 있으며, 타의 추종을 불허하는 지혜와 능력을 갖추고 있으면서 어려서 위기를 겪고 죽을 고비를 넘기는 도식과 맞물려 있다.

(2) 전개

① 길동은 불길한 징조를 예감하고 둔갑술을 행하여 자객을 처단하고, 집을 떠난다. 길동이 정처 없이 떠돌다가, 도적의 소굴에 들어가 천 근이 넘는 돌을 들어 보이는 힘겨루기 끝에 두목이 된다.

② 길동은 재상가 자제로 변장하고 먼저 사정을 염탐한 후 해인사의 보물을 탈취한다. 그 후로 활빈당活貧黨 행수行首 홍길동이라는 이름으로 팔도 지방 수령들이 착취한 불의의 재물을 탈취하여 빈민들에게 나누어 준다. 반면에 백성의 재물은 추호도 노리지 않는다.

③ 길동은 함경도 감영을 비롯해서 전국 팔도의 감영을 탈취한다. 함경 감사가

장계를 올리고 우포장 이흡이 길동을 잡으려 하다가 오히려 조롱만 당한다. 국왕은 전국에 길동을 잡으라는 체포명령을 내리나, 호풍환우하고 둔갑장신하는 초인간적인 길동의 도술을 당해낼 수가 없다.

④ 조정에서는 길동의 소원인 병조판서를 제수하여 길동을 회유하기로 한다. 길동은 사모관대를 입고 높은 초헌을 타고 사은하러 들어간다. 만조백관이 이때를 이용하여 길동을 없애려 하나 길동은 평생의 한을 풀어준 천은에 감사하고 몸을 공중에 솟구쳐 구름에 싸여 사라진다.

여기서 우리의 관심을 끄는 것은 활빈당活貧黨 행수行首 홍길동이라는 대목과 그것이 역사에 끼친 영향력이다. 활빈당은 혼란의 시기마다 반복해서 나타난다. 활빈이란 빈민을 살린다는 뜻이다. 조선시대 주로 횃불을 들고 약탈을 자행한 강도집단을 명화적明火賊이라 불렀다. 명화적이 일반 절도나 강도와 구별되는 결정적인 특징은 일반 강도가 기껏해야 4~5명 오합지졸의 모임인 반면, 명화적은 수십 명이 대오를 조직하고 부유한 가정을 선택적으로 공격했다는 점이다. 이들이 탐관오리의 집만을 약탈 대상으로 삼았다는 점에서 때로 의적이라 불리기도 한다. 의적은 16세기 중엽의 임꺽정이나 17세기 말에 활약한 장길산도 모두 의적으로 분류될 수 있지만 의적은 민란의 시기인 19세기에 집중적으로 나타난다. 대표적인 사례가 활빈당이다. 활빈당의 기록은 1886년까지 거슬러 올라간다.

우선 활빈당은 1886년에 박순길朴順吉이라는 사람을 '선생'으로 추대해 그 원형이 만들어졌는데, 1개월 정도 만에 해체되고 말았다. 그 뒤, 활빈당의 일원이었던 김몽돌金夢乭이 전국적인 적당賊黨을 조직하고 있던 '팔도화적도괴수八道火賊都魁首 윤동굴尹同屈' 아래로 들어갔다. 윤동굴은 1897년에 체포되어 이듬해 옥사했는데[17], 이 조직을 계승한 것이 '팔도도감 대민도사八道都監 大閔都事' 였다. 활빈당은 1900년 3월 무렵부터 활동을 본격화하는데, 만도사閔都事의 지도하에 조직된 것으로 보인다.[18]

활빈당은 1900년 2월경 충남 내포지방에서 본격적인 활동을 시작하여 충북, 경기도, 강원도, 영남, 호남 등 남한 각지로 그 세력이 파급되어 1904년까지 치열한 투쟁을 전개한 무장민중집단이 되었다. 이들 구성원들은 대체로 1894년 동학 농민운동 이후에 남아있던 농민군들이었다.

활빈당은 13개조의 행동강령을 내걸고, 부패한 지배층, 부정축재한 탐관오리나 관아를 투쟁 대상으로 삼았는데, 반봉건, 반제국주의적 이념집단이었다. 1904년 한일의정서가 체결된 뒤 활빈당은 의병운동 대열에 흡수되어 반일무장 투쟁의 핵심적 역할을 수행한다.[19]

(3) 율도국의 건설

① 길동이 벼 일천 석을 국왕으로부터 얻어 싣고 삼천 명 적당賊黨을 거느려 조선을

17) '경상북도관찰사보고서 제94호', 《사법품보》 제 2권, 405쪽; '경상북도 제18호', 《사법품보》 제 2권, 627쪽.

18) 조경달 지음, 허영란 옮김, 《민중과 유토피아》, 역사비평사, 2009, 171쪽.

19) 위의 책, 6장 참조.

하직하고 즉시 떠나 여러 날 만에 남경 땅 제도섬에 들어가 수천여 호 집을 지으며 농업에 힘쓰고 혹 재주를 배워 군법을 연습하여 가산이 점점 넉넉해진다.

② 이때 율도국 왕이 무도하여 정사를 닦지 아니하고 주색에 탐닉하여 백성이 도탄에 들었는지라, 길동은 율도국을 정벌하고 율도국 왕이 된다.

③ 왕이 즉위함으로써 덕을 쌓으며 정사를 어질게 하니, 십 년이 못 가서 나라가 태평하고 백성이 살기 편안하며, 산에는 도적이 없고, 풍속이 아름다워져 길에 떨어진 물건도 주워가지 않으며, 풍년이 들어서 농부가 태평한 세월을 즐기는 노래를 부르니, 태평세계더라.

홍길동이 건설한 율도국은 신분의 차별이 없는 평등사회다. 그렇지만 그 사회는 오늘날과 같은 민주사회는 아니다. 덕을 쌓고 어질게 정사를 펴는 왕이 다스리는 사회다. 이 사회는 아마도 넓은 의미에서는 유교가 추구하는 대동사회라고 이해된다.

홍길동전과 비슷한 구도가 연암 박지원의 〈허생〉이다. 〈허생〉은 《열하일기》 중의 옥갑야화 속에 들어 있다. 옥갑야화는 옥갑여관방에서 나눈 이야기이다.[20]

---

20) 영산대 배병삼 교수가 '박지원의 유토피아 : 〈허생전〉의 정치학적 독해' 에서 탁월하게 분석했다. 여기서 나는 그의 정치학적 독해를 많이 참고했다.

(1) 도입부

① 남산 묵적골에 살고 있는 허생은 어느 날 생활고에 지친 아내로부터 '과거도 보지 않으면서 책은 읽어 무엇 하느냐' 는 타박을 받고 10년 책읽기 목표를 포기하고 7년 만에 책을 덮는다.

② 그는 조선 제일 부자인 변씨를 찾아가 만 금을 빌려, 당시 물류의 길목인 안성으로 내려가 제수용 과일과 의관용 말총을 독점하여 수만 금을 벌어들인 후, 조선 땅을 벗어난 새로운 유토피아의 건설에 나선다.

허생이 홍길동전과 다른 것은 홍길동전이 농경사회를 바탕으로 한 중농주의 이상 사회의 추구였다면, 허생에서는 중상주의가 바탕에 깔려 있는 점이다. 이것은 허생이 유토피아의 건설에 드는 비용을 장사를 해 마련하는 데서 나타난다.

(2) 유토피아를 찾는 과정

① 허생은 늙은 뱃사공의 안내로 사람이 살고 있지 않은 빈 섬에 들어갔다. 허생이 높은 곳에 올라가 보고는 섭섭해 했다. "땅이 천리가 채 못 되니 무엇을 해 보겠는가? 그러나 땅이 기름지고 샘물이 다니, 부잣집 영감은 될 수 있겠구나."

② 이때 마침 변산에서 도적 수천 명이 떼를 짓고 있었지만, 고을에서 군사를 징발하여 잡으려고 해도 잡지 못했다. 허생은 이들 각자에게 100냥씩을 주고 아내 한명에 소 한 마리씩 데리고 오도록 설득해서 빈 섬으로 들어갔다.

홍길동전에서와 마찬가지로 여기서도 유토피아의 건설에 동원되는 사람들은 도적떼들이다. 이들은 먹고 살기 위해 어쩔 수 없이 도적떼가 된 민초들이다. 이들이 유토피아 건설의 주역이 된다는 것은 의미심장하다. 가장 억울하게 버림받은 자들도 이상사회에서는 떳떳한 주인공이 될 수 있음을 보여주기 때문이다. 반면에 홍길동전과 다른 점은 홍길동전에서는 홍길동과 그 무리들이 흉포한 율도국왕을 쫓아내고 이상국가를 건설하지만, 허생에서는 사람이 살지 않는 빈 섬을 찾아서 들어가는 점이다.

(3) 유토피아의 건설

① 그들은 나무를 베어 집을 세우고 대를 엮어 울타리를 쳤다. 땅기운이 온전하므로 온갖 곡식이 잘 자라서, 묵밭을 갈지 않고 김을 매지 않아도 한 줄기에 아홉 이삭이나 달렸다. 3년 동안 먹을 식량만 쌓아 놓고 나머지는 모두 배에 싣고 장기도長崎島에 가서 팔았다.

② 그리고 남녀 2,000명을 모아 놓고 어린애가 태어나면 사양을 먼저 가르치도록 말하면서, 외부와 왕래하지 못하게 배를 모두 불사르고, 은 50만 냥을 바다에 던지고, 글을 아는 자를 배에다 태우고 함께 섬을 떠난다. "내가 처음 너희와 이 섬에 들어올 때에는, 먼저 부유하게 한 뒤에 따로 문자를 만들며, 옷과 갓도 새로 만들려고 했다. 그러나 땅이 작고 덕이 엷으니, 나는 이제 이곳을 떠나련다. 어린애가 태어나서 숟가락을 잡을 만해지면 바른손으로 쥐게 가르쳐라. 하루가 앞서도 먼저 먹도록 사양하게 해라." 그런 뒤에는 다른 배를 모두 불사르며 말했다. "가지 않으면 오는 사람도 없겠지." 그러고는 은 50

만 냥을 바다 속에 던지며 말했다. "바다가 마르면 얻는 자가 있겠지. 100만 냥도 한 나라 안에 쓸 데가 없는데, 하물며 이런 작은 섬에서 다를까 보냐!" 글을 아는 자가 있었는데 배에다 태우고 함께 나오면서 말했다. "이 섬나라에 화근을 뽑아 버려야지."[21]

허생의 이상사회는 지식인들이 추방된 사회다. 그는 글을 아는 자는 화근이 된다고 본다. 이런 반지성 문맹사회는 당시 지식인에 대한 풍자일 뿐 유토피아로 그린 것이 아니라는 해석도 가능할지 모르겠지만, 어떻든 이런 이야기는 연암이 당시의 선비를 얼마나 비판적으로 평가했는가를 보여주고 있다. 선비士와 민중의 관계는 이해관계가 얽힌 미묘하고도 복잡한 먹이사슬 관계다. 큰 틀에서 보면 민중이 자신의 권리를 자각하지 못하는 시기에는 사士는 민중의 지배자로 군림하지만, 민중이 깨어나 자신의 권리를 주장하기 시작하면 사에게는 지배자가 아니라 민중의 봉사자로서의 사명이 주어진다. 연암 박지원은 "선비의 학문은 농공상의 원리를 함께 포괄하는 것이어야 한다. 오늘날 농공상의 업이 제대로 못되는 것은 선비가 실학을 갖지 못한 데에 원인이 있다"[22]고 질타한다.

허균의 율도국과 박지원의 빈 섬은 모두 이들이 추구한 이상사회다. 내용들의 차이에도 불구하고, 신분의 차별 없는 평등사회라는 점에서는 일치한

---

21) 박지원, 《열하일기》, 현암사, 2009, 208쪽.
22) 《연암집》, '과농소초 제가총론課農小抄 諸家總論', 경희출판사, 344쪽.

다. 율도국은 산에는 도적이 없고, 길에 떨어진 물건도 줍지 않는 태평성대여서 경제와 같은 실제적인 삶의 문제는 제시되지 않는다. 여기서의 가장 큰 핵심은 서얼의 차별이 모두 철폐된 평등사회라는 것이다. 그렇지만 율도국은 봉건 지배체제를 탈피한 근대 국가는 아니다.

도둑떼를 중심으로 땅을 개간하고 부를 축적하는 것으로 봐서 박지원의 빈 섬도 신분의 차별을 철폐한 평등사회다. 그렇지만 박지원의 빈 섬은 경제적 문제에 초점이 맞추어져 있다. 빈 섬은 최고의 유토피아는 아니다. 이 빈 섬을 통해 그려지는 박지원의 유토피아는 넓은 영토와 비옥한 토지를 바탕으로 한 농업국가이자 무역으로 부를 축적하는 무역국가다.[23)]

3) 실학의 민본사회

조선 후기의 실학은 당시 사회의 모순을 극복하고 새로운 사회를 만들려는 사상이다.[24)] 물론 실학은 유교의 이념 자체를 모두 부정하지는 않았지만, 유교 본래의 민본사회로 돌아가고자 했다. 실학은 형이상학적 이념적 대결에서 민생의 문제를 해결하려고 한 것이 아니라, 백성의 실제 생활 속의 문제를 직시함으로써 사회적 문제의 해답을 찾고자 했다. 이리하여 당시 진보적 지식

---

23) 배병삼, '박지원의 유토피아 : 〈허생전〉의 정치학적 독해', 《이상국가론 : 동양과 서양》, 연세대학교 출판부, 2004, 173쪽 이하.

24) 장승희, '조선후기 실학의 유토피아 사상: 반계 유형원을 중심으로', 《유교사상문화연구》, 한국유교학회, 2012 참조.

인들인 실학자들은 토지제도, 조세제도, 군사제도, 교육제도 등의 구체적인 문제에 관심을 기울였다. 이 중에서도 민본사회의 이념에서 보면 특히 세 사람의 실학자가 중요하다. 반계 유형원과, 성호 이익, 그리고 다산 정약용이다. 이들의 대표적인 저술, 《반계수록磻溪隧錄》, 《성호사설星湖僿說》, 《경세유표經世遺表》 등에서 대동사회의 이상은 상세하게 그려져 있다. 이들의 저술은 여러 문제를 함께 다루었지만, 유토피아와 특히 관계되는 것은 토지분배와 통치구조다.[25]

(1) 반계의 균전제 均田制[26]

토지를 농민들에게 고르게 나누어주는 토지 제도가 균전제다. 균전제는 옛날부터 토지의 사유를 통제 제한하여 토지의 겸병을 막고, 국가 소유의 토지를 분급하는 형식으로 시행되었던 것이다. 조선시대 토지가 권세가나 토호 등에 집적되어 자작농 농민층이 계속 몰락해 소작농으로 전락하는 현상을 막기 위해 유형원은 공전에 의한 균전제를 주장했다. 공전이란 사전私田에 대립되는 개념으로 국가가 직접 소유하는 토지를 말한다. 반계가 구상한 토지제도는 다음과 같다.

· 모든 토지는 국유로 한다.

---

25) 지두환, 《조선시대 사상사의 재조명》, 역사문화, 1998, 195쪽 이하.
26) 유형원, 《반계수록磻溪隧錄》, 연묵, 2003.

· 일반 농민의 20세 이상의 남자에게 1경(40마지기)의 토지를 균분하고, 사士와 관리에게는 2~12경의 토지를 급여한다. 받은 자가 죽으면 토지를 국가에 반납케 하며 다른 사람에게 다시 급여한다.

균전제라 해서 모든 사람에게 똑같이 나누어 주는 것이 아니라, 선비와 농민, 수공업자, 상인들에게 차별을 두어 토지를 나누어 주는 것이다. 반계가 구상했던 평등사회는 산술적 평등이 아닌 기하학적 평등 사회라 할 수 있다.

(2) 성호의 한전제 限田制[27]

성호 이익은 한전제를 주장한다. 성호는 반계의 균전론이 너무 급진적이어서 현실성이 떨어진다고 보고 그 대안으로서 한전론을 주장한 것이다. 성호에 의하면 반계의 균전론이 현실화되려면 먼저 대토지 소유자인 양반 지주들의 토지를 몰수해야 하는데, 양반 지주들이 이를 용납하지 않을 것이기 때문이다.

한전론의 주장은 다음과 같다.

· 한 가정의 생활을 유지하는 데 필요한 토지를 영업전永業田으로 정한다.
· 영업전의 매매는 금지하고, 나머지 토지에 대해서만 매매를 허용한다.

27) 이익, '성호사설', 《실학연구입문》, 75쪽 이하.

성호는 이렇게 하면 일반 농민들의 완전한 몰락을 막을 수 있고, 영업전을 갖지 못한 농민들도 장기적으로는 다른 사람의 토지를 사들여 영업전을 가질 수 있게 됨으로써 점진적으로 토지 소유의 평등을 이룬다는 것이다. 그렇지만 처음 영업전을 갖지 못한 농민들이 어떻게 영업전을 사들일 수 있겠는가 하는 문제에 대한 해결책을 구체적으로 제시하지는 않았다.

(3) 다산의 여전제 閭田制[28]

반면에 정약용은 여전제를 주장했다. 여전제는 마을 단위로 토지를 나누고, 마을 사람들이 공동으로 경작을 하여 각자의 노동량에 따라 수확물을 나누자는 제도이다.

여전제는 일종의 국유제라 할 수 있다. 사용권을 허용하되 소유권을 인정하지 않는 것이다. 여전제는 가장 강력한 공동체주의다. 개인의 사유재산은 인정되지 않는다. 다산은 균전론과 한전론을 모두 비판한다. 그는 양자 모두 사적 소유를 인정하기 때문에 토지의 소유 편중을 근본적으로 해결할 수는 없다고 보았다. 그의 여전제는 다음과 같다.

· 농사짓는 사람만이 토지를 소유할 수 있다.

· 한 마을을 단위로 일정한 토지를 공유한다.

· 공동경작과 노동량에 따라 산출물을 분배한다.

---

28) 정약용 지음, 이익성 옮김, 《경세유표 I · II · III》, 한길사, 1997.

이들 실학자들이 추구한 통치구조가 오늘날의 민주체제라고 할 수는 없다. 이들도 시대적 한계 때문에 유교의 군주정체를 넘어서지는 못했다. 그렇지만 이들은 민본民本을 통치구조의 근간으로 삼고자 했다. 민본은《서경》의 민유방본民惟邦本에서 나온 말로 알려져 있다. 그 의미는 '백성은 나라의 근본이고 근본이 견고하면 나라가 안녕하다'는 것이다.

맹자는 민본사상에 입각해서 백성과 국가와 군주 가운데서 백성을 가장 존귀한 존재로 인식하고, 군주를 가장 가볍게 평가했다. 이런 민본 사상은 두 가지 측면에서 이해할 수 있다. 하나는 정치적 주체로서의 민본이며, 다른 하나는 정치적 객체로서의 민본이다. 오늘날의 개념으로 말한다면 정치적 주체는 'of the people' 이며 정치적 객체는 'for the people' 이다.

백성이 정치의 주체라는 것은 천자의 자리는 "하늘이 준 것이며, 동시에 백성이 준 것이다"는 말에서 극명하게 나타난다. 물론 오늘날과 같은 투표 행위를 통해서 그렇게 한 것은 아니지만, 하늘天과 백성民의 일치를 통해 '백성이 하고자 하는 것은 하늘이 반드시 따른다'는 논리에 의해 투표행위를 한 것과도 같은 결론에 도달한다. 덕치德治나 왕도王道 등이 내세우는 위민사상爲民思想은 백성을 정치적 객체로 파악한 것이다.

일반적으로 유학에서 추구한 정치이론은 위민 'for the people' 이었다. 이에 반해 정약용을 비롯한 실학자들은 더 나아가 백성을 정치적 주체 'of the people' 로 파악하고자 했다. 통치자가 백성을 위해 존재하는 것일 뿐 백성이 통치자를 위해 존재하는 것이 아니라는 민본사상은 현대의 민주정체와 매우 가깝다. 단지 'by the people' 이 빠져 있을 뿐이다. 이제 이들이 구상한 민본

사회에서 선비는 백성의 봉사자일 뿐 더 이상 권력자가 아니다.[29]

반계는 문자文字 중심의 교육을 받고 문학을 시험하는 과거를 통해 관직에 진출하는 당시의 관리채용제도를 비판하면서, 선비 역시 농공상과 함께 사회적 역할을 담당해야 하는 전문적 직업임을 강조한다. 다산은 "선비는 농민의 자질을 교육하거나 농예, 농악을 연구해서 농민에게 이익을 주고, 그 대가로 보수를 받아 생활해야 한다"고 주장한다.[30]

4. 유토피아의 유형화

유토피아는 고대 유토피아, 현대 유토피아 같은 식으로 시대별로 분류되기도 하고 동양의 유토피아, 서양의 유토피아 등과 같이 지역별로 분류되기도 한다. 뿐만 아니라 각 분야별로 문학에서의 유토피아 사상, 철학에서의 유토피아 사상 등으로 구분되어 논의되기도 한다. 그렇지만 이러한 외면적 기준들은 유토피아의 내용과 기능을 제대로 구분하는 데 한계를 갖고 있다.

이런 상황에서 에른스트 블로흐의 추상적 유토피아abstract utopia와 구체적 유토피아concrete utopia의 구분은 우리의 관심을 끈다.[31] 그는 현실적 가능성을 가진 더 좋은 삶에 대한 꿈으로서의 구체적 유토피아와 현실적 가능성과

---

29) 역사학회 편, 《실학연구입문》, 일조각, 1973, 참조.

30) 《여유당전서與猶堂全書》 제1책 전론 5, 경인문화사, 224쪽.

31) Ernst Bloch, 앞의 책 참조.

는 연관되지 않는 순수한 꿈으로서의 추상적 유토피아를 구분한다. 구체적 유토피아는 우리의 기대의식과 동일시되고, 추상적 유토피아는 보상의식과 동일시된다.[32] 이런 구분 하에서 블로흐는 맑스주의를 구체적 유토피아의 대표적 실례로 든다.

다른 한편으로 노직Nozick은 세 종류의 유토피아주의를 구분한다.[33] 즉 △ 한 정형화된 패턴의 공동체에 모든 사람을 강제로 집어넣으려고 하는 제국주의적 유토피아주의imperialistic utopianism, △ 한 특정 종류의 공동체에 모든 사람을 살도록 설득하지만 강제하지는 않는 선교적 유토피아주의missionary utopianism, △ 한 특정 패턴의 공동체가 존재하기를 원하는 사람들은 이곳에 살 수 있게 되기를 희망하는 실존적 유토피아주의existential utopianism가 그것이다. 노직은 여기서 자유주의와 양립할 수 있는 유토피아주의는 실존적 유토피아주의밖에 없다고 결론짓는다. 이런 결론은 자유지상주의자인 노직으로서는 불가피하다고 해야 할 것이다.

이런 분류들이 여러 유토피아의 특성을 드러내는 데 유용한 것만은 분명하다. 그렇지만 이런 분류들은 정교하지 못하다. 블로흐의 분류는 유토피아를 폭력으로 간주하고 이를 거부하는 반유토피아 논리와의 대결에서 한계를 드러낸다. 노직의 분류는 구체적 유토피아와 추상적 유토피아의 판별에서 어떤 기준도 제시하지 못한다. 이런 한계들을 극복하기 위해 나는 다음과 같은 두

---

32) Ruth Levitas, *The Concept of Utopia*(New York etc: Philip Allan, 1990), p.88f. 참조.

33) Robert Nozick, *Anarchy, State, and Utopia*(New York, 1974) ; 남경희 옮김, 《아나키에서 유토피아로》, 문학과 지성사, 1983, 392쪽.

개의 기준을 교차시켜 유토피아를 네 가지 형태로 유형화시키고자 한다.

하나는 '관념적' 과 '현실적' 을 대비시키는 기준이다. 최상의 세계에 관한 유토피아 이야기는 실현 가능성을 전혀 염두에 두지 않고 현실세계에 대한 단순한 반명제로서 심리적 보상의 차원에서 제시될 수도 있고, 그것의 실현 가능성을 고려하면서 제시될 수도 있다. 상식적으로 생각하더라도, 실현 가능성을 전혀 고려하지 않는 유토피아라면 실현 가능성과 관련되는 자연의 법칙을 비롯한 여러 조건들을 고려할 필요가 없을 것이다. 이것은 말하자면 '이상한 나라의 앨리스' 가 경험하는 공상의 세계다. 우리는 이를 관념적 유토피아imaginary utopia라 부를 수 있다. 이것은 오늘날의 가능세계 존재론에서 보면 가능세계가 아니다. 가능세계란 현실세계의 여러 법칙이나 조건들이 그대로 적용될 수 있는 세계이기 때문이다.

반면에 실현 가능성을 염두에 둔 유토피아를 생각할 수 있다. 유토피아는 원래 존재하지 않는 이상적인 세계이지만, 현재 지금 여기 존재하지 않는다는 의미이지, 미래에도 영원히 존재할 수 없다는 이야기는 아니기 때문이다. 그것은 미래의 언젠가는 존재할 수 있는 이야기일 수 있다. 혹은 어떤 경우에는 아주 가까운 미래에 실현될 수 있는 이야기일 수도 있다. 이렇게 실현 가능성을 염두에 두고 제시된 유토피아를 우리는 현실적 유토피아real utopia라 부를 수 있다.[34)]

---

34) Erik Olin Wright, *Envisioning Real Utopias*(London: Verso, 2010).

유토피아의 필요성과 실현가능성을 염두에 두고 이매뉴얼 월러스틴 Immanuel Wallerstein은 유토피아에다 지적 활동을 의미하는 영어의 어미 'istics'를 결합시켜 유토피아학utopistics라는 새로운 단어를 만들었다.

"유토피아학은 역사적 대안들에 대한 진지한 평가이며, 가능한 대안적 역사체제의 실질적인 합리성에 대한 우리의 판단 행위다. 이것은 인간의 사회적 체제들과 이 체제들이 지닌 가능성의 한계 내지는 인간의 창조성이 발휘될 수 있는 영역에 대한 냉철하고, 합리적이며, 현실주의적인 평가다."35)

에릭 라이트Erik O.Wright 역시 유토피아의 필요성과 현실성을 고려하여 자신이 추구하는 새로운 유토피아의 작업들을 '현실적 유토피아 기획The Real Utopia Project'이라 부른다. 이 기획은 꿈과 실천 사이의 긴장을 함께 포괄하는 것을 특징으로 한다. 말하자면 실용적으로 가능한 것은 우리의 상상과 독립해서 고정되어 있는 것이 아니라 그 자체가 우리의 비전에 의해 형성된다는 것이다. 이 기획은 재산권과 시장, 2차적 결사체들, 가족, 복지국가 등을 포함하는 다양한 기본적 제도들을 음미하고, 근본적인 재설계를 위한 특수한 제안들을 추구한다.36)

그렇지만 실현 가능성 하나만을 기준으로 보면 같은 유형에 속한다 할지라

---

35) Immanuel Wallerstein, *Utopistics or Historical Choices of The Twenty-First Century,* 1998; 백경영 옮김, 《유토피스틱스 또는 21세기의 역사적 선택들》, 창작과 비평사, 1999, 12쪽.
36) Erik O. Wright (ed.), *Recasting Egalitarianism: New Rules for Communities, States and Markets*(London: Verso, 1988), ix쪽 참조.

도, 한 세대나 두 세대 안에 실현 가능한 이야기와 수백, 수천 년 후에나 가능한 이야기를 같은 범주로 분류한다는 것은 합리적이 아니다. 이런 이유로 한두 세대 안에 실현 가능한 것으로 예상하고 제시된 유토피아만을 나는 현실적 유토피아로 부르고자 한다.

이제 또 하나의 기준을 고려하지 않을 수 없다. 그것은 '자유주의적'과 '전체주의적'을 구별하는 기준이다. 자유주의와 전체주의는 사회를 바라보는 기본적인 두 틀이다. 자유주의는 개인의 자유를 최고의 가치로 삼는 입장이다. 반면에 전체주의는 전체의 안정과 질서를 우선시한다.

이런 구도에서 유토피아는 4개의 유형으로 정형화된다. 자유주의적-관념적 유토피아, 자유주의적-현실적 유토피아, 전체주의적-관념적 유토피아, 전체주의적-현실적 유토피아가 그것이다. 이런 유형들에서 우리에게 가장 친숙한 유토피아가 전체주의적-관념적 유토피아다.

이런 네 유형화를 나는 다시 두 범주로 나누어, 자유주의적이냐 전체주의적이냐를 기준으로 열린 유토피아와 닫힌 유토피아로 나누고자 한다.[37] 이런 분류가 가능한 이유는 간단하다. 열림과 닫힘의 성격은 관념적이든, 현실적이든 양립 가능하기 때문이다. 닫힌 유토피아closed utopia는 다음과 같은 특성을 갖는다. 정태성과 유일성, 그리고 절대적 선이 그것이다. 반면에 열린 유토피아는 동태성과 선택성 및 상대적 선의 특성을 갖는다. 닫힌 유토피아는 전체주의적 전통과 연결되며, 열린 유토피아는 자유 · 인본주의적 전통과

37) 이한구, '열린사회의 유토피아', 《철학연구》 74집, 2006년.

연결된다.

정태성이란 고정된 상태, 고착된 상태를 의미한다. 이런 상태에서는 더 이상의 변화나 발전이 없다. 이를 유토피아와 연관시켜 본다면 최상의 완결된 상태이며, 역사의 종국 상태다. 반면에 동태성이란 움직이는 상태, 변화하는 상태이다. 물론 변화의 방향은 끝없는 상승이어야 한다. 하강은 보다 높은 상승을 위해서만 허용된다.

유일성은 오직 하나만 용인되는 것인 반면, 선택성은 여러 개 중에서 어떤 것이 선택된다는 의미다. 유일성은 완전하고 완벽한 것은 하나밖에 없다고 주장한다. 플라톤의 형상이 바로 이것이다. 수많은 사람들이 현실적으로 존재하지만, 사람의 형상, 사람의 이데아는 오직 하나다. 국가의 형상도 하나다. 이 완벽한 국가를 지상에 실현한 것이 이상국가, 유토피아다. 여기서는 시대나 장소가 문제되지 않는다. 반면에 선택성은 유일성을 거부한다. 유토피아는 여럿일 수 있다. 우리는 시대와 장소에 따라 다양한 유토피아를 그릴 수 있다. 동시대나 같은 사회 내에서도 여러 형태의 유토피아가 서로 경쟁할 수 있다. 어떤 유토피아가 어떤 시대의 유토피아로 등극했다 해서 그것이 다른 유토피아를 물리치고 다수의 선택을 받았음을 의미할 뿐, 다른 유토피아의 존재를 부정하거나 그 의미를 박탈하지 못한다.

지금까지의 논의에서 자연스럽게 절대적 선과 상대적 선의 특성은 구별된다. 오직 하나의 유일한 보편적 선이 절대적 선인 반면, 상대적 선은 언제나 구체적 상황 속에서 평가되는 선이다. 여기서는 선과 악을 구별하는 절대적 기준이란 없다. 상황 '가'에서의 악은 상황 '나'에서 선이 될 수도 있고, 혹은 그 반대일 수도 있다. 절대적 선은 선을 실체화 시킨다. 반면에 상대적 선은 그런 실체화를 거부한다.

이런 구도에 따라 우리는 다음과 같이 이상향을 유형화할 수 있다.

a: 조광조의 지치주의
b: 이황의 성학십도
c: 이이의 성학집요
d: 도가의 무릉도원(선계)
e: 허균의 홍길동전
f: 박지원의 허생
g: 유형원의 균전제
h: 이익의 한전제
i: 정약용의 여전제
j: 불교의 정토세계
k: 동학의 후천개벽

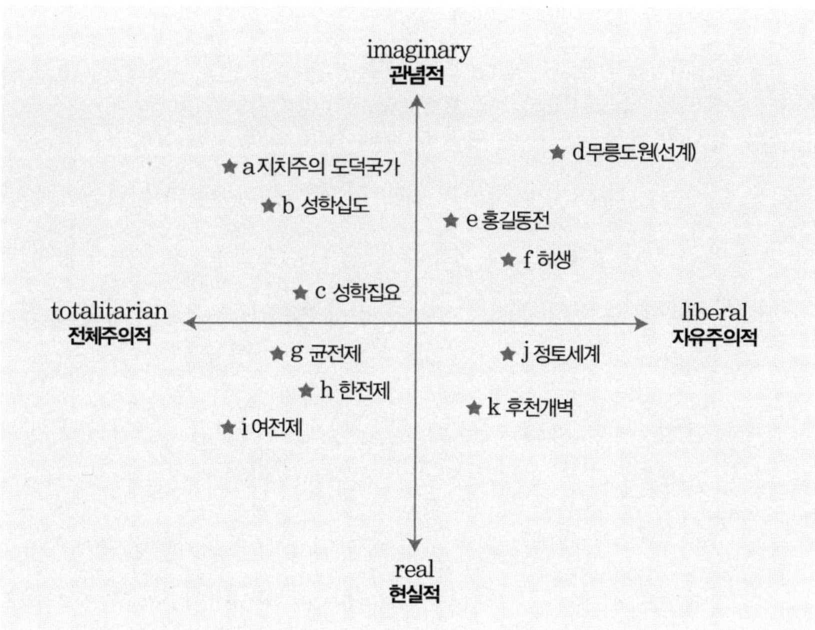

〈그림 1 : 이상향의 유형화〉

5. 역사는 유토피아가 이데올로기로 구체화되는 과정이다

여기서 우리는 다음과 같은 의문을 갖게 된다. 조선조 유학은 지배 이데올로기ideology가 아니었는가? 유토피아와 이데올로기는 어떻게 구별되어야 하는가? 칼 만하임은 그의 《이데올로기와 유토피아》에서, 기존 질서를 인정하고 재생산하는 방향으로 작용하는 사상은 이데올로기로, 기존 질서를 파괴하고 넘어서려는 사상을 유토피아로 규정한다. 이런 용법에 근거하여 우리가 일단 이데올로기를 현실을 지배하는 사상으로, 유토피아는 현실을 완전히 새롭게 바꾸려는 사상으로 사용한다 해도 큰 무리는 없을 것이다.

이데올로기, 즉 이념은 헌법으로 구체화되며 이를 기초로 도출된 여러 법률들과 정책은 현실의 여러 문제를 해결해 간다. 그렇지만 상황이 바뀌면서 새로운 문제들이 제기되면, 기존의 법과 정책은 문제해결의 능력을 상실한다. 처음에는 법과 정책을 고쳐 대응하지만 이런 사태가 누적되어 부분적 수선으로는 대응할 수 없을 정도로 문제가 심각해지면, 이때까지 의문의 여지 없이 용인되던 이념에 의문이 제기되고, 새로운 이념의 추구가 시작된다. 우리가 목격한 공산주의 이념의 몰락이 좋은 실례다. 이념의 교체는 수평적 관점에서 단기적으로 보면 몰락한 이념의 빈자리를 다른 이념이 메꾸는 것으로 나타나지만, 수직적 관점에서 장기적으로 보면 공상에 불과했던 유토피아가 현실을 지배하는 이념으로 구체화되는 과정이라 할 수 있다. 동시에 새로운 유토피아를 찾는 항해가 시작된다. 〈그림 2〉은 이런 과정을 보여준다.

나는 최근 많이 논의되어 익숙하게 된 토마스 쿤의 패러다임 이론을 응용해 이들의 구별을 분명히 설명할 수 있을 것으로 생각한다. 《과학혁명의 구조》에서 토마스 쿤은 패러다임의 교체를 과학의 혁명으로 본다. 패러다임은 때로는 학문의 표본 모형disciplinary matrix으로, 때로는 표본 사례exemplar로 불리기도 한다. 학문의 표본 모형은 탐구 활동을 준비하는 교육과정에서 과학자들이 질문하고 답하는 근본적인 문제들에 대한 기준을 제시해 준다. 말하자면 문제풀이의 모형과 같은 것이다. 만약 이런 기준이 없으면, 어떤 과학공동체도 함께 연구할 수 없을 것이다.

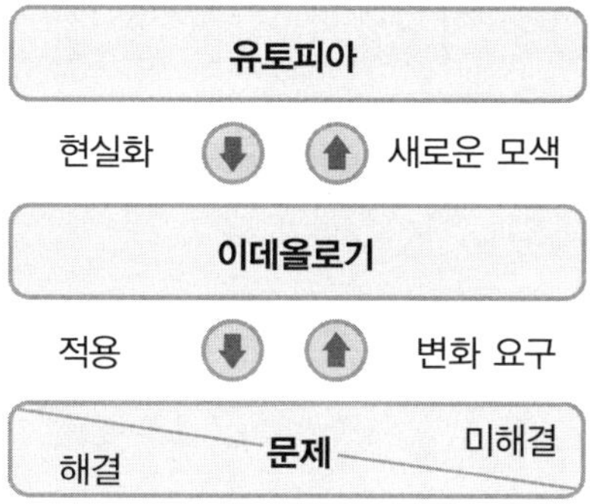

〈그림 2〉

패러다임은 전문가들 집단이 시급하다고 느낀 몇 가지의 문제를 경쟁 상대들보다 훨씬 성공적으로 해결한다는 이유 때문에 그 지위를 획득한다. 그렇지만 성공적이라는 말은 완벽하게 성공적이라든지 또는 모든 문제들에 대해서 성공적이라는 것을 의미하지는 않는다. 한 패러다임의 성공은 당초에는 주로 불완전한 예제들에서 발견할 수 있는 성공의 약속일 따름이다.

수수께끼 풀이는 성공하지 못할 수도 있다. 말하자면 설명이 제대로 되지 않는 변칙 사례가 나타날 수 있다. 어느 정도 일이 진척되는 동안에는 이들도 결과적으로는 해결될 것이라고 보지만, 변칙 사례들의 계속적인 누적은 끝내 위기를 초래한다. 변칙 사례들의 수가 증가하여 예사롭지 않게 될 때, 일부의 독창성이 강한 학자들은 기존 패러다임의 핵심적인 어떤 것에 관하여 의문을 제기하기 시작한다. 이때 기존의 방식과는 전혀 다른 방식으로 생각하는 새로운 패러다임이 논의되기 시작한다.

이러한 과정은 〈그림 3〉와 같이 진행된다.

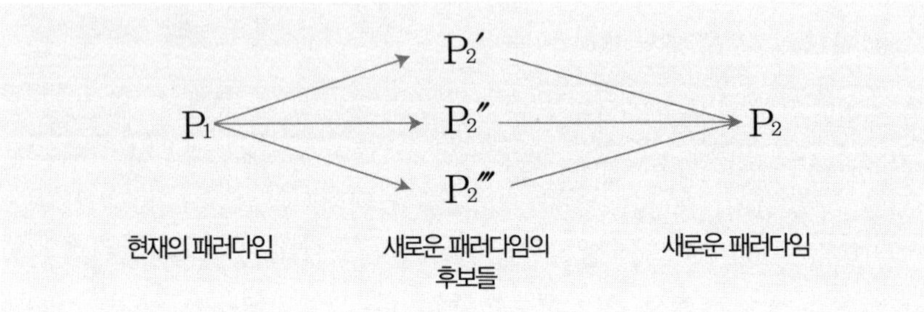

〈그림 3〉

여기서 현재의 패러다임 P_1이나 새로운 패러다임 P_2는 현실 지배력을 갖기 때문에 이데올로기라 할 수 있고, P_1 패러다임의 문제를 지적하면서 그것을 대체할 수 있다고 주장하는 후보군들 P_2', P_2'', P_2''' 등은 유토피아라 할 수 있다. 그것은 현재의 이데올로기를 넘어서려고 하지만 아직 현실성을 확보하지 못하고 있기 때문이다. 그렇지만 이들은 새로운 패러다임 P_2, 즉 새로운 이데올로기에 영향을 미치며, 새로운 이데올로기 속에 그 내용을 부분적으로 구체화 시킨다.

물론 이런 설명이 모든 유토피아에 적용되는 것이 아니라 현실적 유토피아에만 적용된다는 지적이 있을 수 있다. 실현 가능성을 염두에 두지 않고도 유토피아는 존립할 수 있기 때문이다. 맞는 말이다. 그렇지만 유토피아가 이데올로기와 긴밀한 연관을 맺기 위해서는 현실적 유토피아 형태로 변형되어야 한다는 점을 고려하면, 이러한 비유적 설명의 유용성을 부정하기는 어려울 것이다.

이런 관점에서 보면, 지치주의의 도덕국가나 실학의 민본사회는 일견 이데올로기처럼 보이지만 유토피아로 분류될 수밖에 없다. 넓은 의미에서 조선조는 성리학을 이데올로기로 삼은 사회지만, 지치주의의 도덕국가는 성리학을 최대한 이상화시킨 것이며, 실학의 민본사회는 성리학의 새로운 버전이기 때문이다. 이들 사상들은 한 번도 제대로 실현되지 못했으며 따라서 실제로 현실을 지배하는 이데올로기로 등장하지는 못했다.

6. 한국인의 유토피아가 갖는 특성

지금까지의 논의를 기초로 나는 한국인의 유토피아가 다음과 같은 몇 가지 특성을 갖는 것으로 결론짓는다.

첫째로, 한국인이 추구했던 유토피아는 전체적으로 보면 대동사회라는 큰 틀 속에 포괄된다. 세부적으로 지치주의의 도덕국가, 신분의 평등사회, 실학의 민본사회로 나눌 수 있다고 할지라도, 이것들은 모두 유학의 대동사회가 시대적 변천에 따라 강조점을 달리한 것들일 뿐이다.

둘째로, 도덕국가의 실현에서 명분주의가, 평등사회의 추구에서 평등주의가 우리가 추구하는 중요한 가치로 자리 잡았다. 우리는 지금도 최후의 순간에는 명분을 두고 싸우며, 명분에서 지면 지는 것으로 간주한다. 실리와의 싸움에서 명분이 대체로 이겼다. 또한 우리는 평등의 가치를 어떤 사회보다도 중시한다. 반면에 개인의 자유를 추구하는 자유주의의 전통은 약하다. 이것은 모두 대동사회라는 유토피아의 영향으로 판단된다.

셋째로, 실학의 민본사회는 60년대 이후의 산업화와 민주화를 성공시킨 사상적 뿌리라고 판단된다. 실학의 실사구시와 민본주의가 대한민국의 근대화와 얼마만한 연관이 있는가는 새롭게 조명해 볼 과제다.

넷째로, 조선조 후기부터 유학의 영향이 약화되면서 민중은 종교적 새 세상에서 대동세계라는 유토피아의 대안을 찾고자 했다. 동학의 후천개벽, 불교의 정토세계, 기독교의 천년왕국 등이 그것이다.

참고문헌

- 강동엽, '허균과 유토피아', 《한국어문학연구》, 한국어문학연구학회, 2003.
- 구지현, '홍길동의 율도국, 한없이 현실에 가까운 유토피아', 《내일을 여는 역사》, 신서원, 2007.
- 김남희, '증산교의 미륵신앙 수용과 전개과정', 《한국불교학》, 한국불교학회, 2011.
- 김영한, 《르네상스의 유토피아 사상》, 탐구당, 1983.
- 김옥순, '한국 근대시에 나타난 유토피아에 대하여', 《이화어문논집》, 이화여자대학교 이화어문학회, 2000.
- 박양식, '천년왕국주의' 김영한 · 임지현 편, 《서양의 지적 운동》, 지식산업사, 1994.
- 박지원 · 허경진, 《열하일기》, 현암사, 2009.
- 배병삼, '박지원의 유토피아: 〈허생전〉의 정치학적 독해', 《정치사상연구》, 한국정치사상학회, 2003.
- 서신혜, 《조선인의 유토피아》, 문학동네, 2010.
- 역사학회, 《실학연구입문實學硏究入門》, 일조각, 1973.
- 유형원, 《반계수록》, 연묵, 2003.
- 이동준, 《유교의 인도주의와 한국사상》, 한울, 1997.
- 이윤석 · 김경숙, 《홍길동전 · 임장군전 · 정을선전 · 이대봉전》, 경인문화사, 2007.
- 이종은 외 5명, '한국문학에 나타난 유토피아 의식 연구', 《도교의 한국적 변용》, 아세아문화사, 1996.
- 정약용 · 이익성, 《경세유표 Ⅰ · Ⅱ · Ⅲ》, 한길사, 1997.
- 장승희, '조선후기 실학의 유토피아 사상: 반계 유형원을 중심으로', 《유교사상문화연구》, 한국유교학회, 2012.
- 조경달 · 허영란, 《민중과 유토피아》, 역사비평사, 2009.
- 지두환, 《조선시대 사상사의 재조명》, 역사문화, 1998.
- 한국정치사상학회, 장동진 외 13명, 《이상국가론 : 동양과 서양》, 연세대학교 출판부, 2004.
- 한국철학회 편, 《한국철학사》, 동명사, 1987.
- 홍태영, '근대 산업주의의 유토피아와 디스토피아: 근대인들의 미래에 대한 투사', *OUGHTOPIA*, 경희대학교 인류사회재건연구원, 2010.
- Erik O. Wright (ed.), *Recasting Egalitarianism: New Rules for Communities, States and Markets*(London: Verso, 1988)

참고문헌

- Erik Olin Wright, *Envisioning Real Utopias*(London: Verso, 2010)
- Ernst Bloch, *The Principle of Hope I,* trs., N. Plaice et al. (Cambridge, Mass.: 1986)
- Frank E. Manuel & Fritzie P. Manuel, *Utopian Thought in the Western World*(Cambridge, Massachusetts: The Belknap Press of Harvard University Press, 1979)
- G. Friedrich, H. Küng지음, 김균진 옮김, 《유토피아니즘과 기독교》, 종로서적, 1986.
- Immanuel Wallerstein, *Utopistics or Historical Choices of The Twenty-First Century,* 1998; 백경영 옮김, 《유토피스틱스 또는 21세기의 역사적 선택들》, 창작과 비평사, 1999.
- John Ashton & Tom Whyte, *The Quest for Paradise: Visions of Heaven and Eternity in the World's Myths and Religions*(NewYork: Harper Collins, 2001)
- Oscar Wilde(1891), 'The Soul of Man under Socialism', in *Selected Essays and Poems*(Penguin: London, 1954)
- Ruth Levitas, *The Concept of Utopia*(NewYork: Philip Allan, 1990)
- Robert Nozick, *Anarchy, State, and Utopia*(New York, 1974); 남경희 옮김, 《아나키에서 유토피아로》, 문학과 지성사, 1983.

내가 바라보는 천국, 하늘나라

정승용
서울의대 외과학교실

"예수 천당, 불신 지옥!"

빨간 조끼에 굵은 고딕체 글씨로 가슴과 등에 써 붙이고,

"주 예수를 믿으라, 그리하면 너와 네 집이 구원을 얻으리라, 너희가 만일 내가 그인 줄 믿지 않으면 너희 죄 가운데 죽으리라."

라고 외치는 사람들.

지하철을 이용하는 사람들이라면 흔히 보고 듣는 모습이며 소리다. 크리스천인 내가 보더라도 불쾌하게 느껴지는데 비기독교인들에게는 얼마나 큰 불쾌감과 기독교에 대한 반감을 일으키고 자극하는 모습일까 싶다. 실제로 최근 서울도시철도공사에서 지하철 이용시민 대상의 설문조사에서 지하철 승객들이 가장 불쾌하게 느끼는 행동으로 응답자중 33%가 위와 같은 '과도한 종교 전도 행위' 를 꼽았다고 한다.

예수를 믿으면 천국에 가고 그렇지 않으면 영원히 꺼지지 않는 유황불이 타고 있는 지옥에 간다는 교리는 현재 기독교의 가장 강력한 도그마를 이루고 있다. 불신자들을 교회로 이끄는 데에 이보다 더 효과적인 교리는 없을 것이다. 기독교 가정에서 태어나 어려서부터 예수와 하나님 나라에 대해 배웠고 교회에 가고 예배하고 성경을 읽고 공부하는 것이 자연스런 일상이 되어왔던 어린 시절과 중고등학교 시절까지는 "예수 천당, 불신 지옥"의 도그마는 내 사고 판단의 가장 중심에 불변의 진리로 자리하고 있었다.

하지만 대학시절, 그리고 졸업후 의사로서, 또한 과학을 전공으로 하는 의

학도로서 살아가면서 이 도그마에 대한 의혹과 의문들이 생기기 시작했다.

> "예수께서 가라사대 내가 곧 길이요 진리요 생명이니 나로 말미암지 않고는 아버지께로 올 자가 없느니라."(요한복음 14장 6절)

교회 유년부 시절부터 가장 자주 들어왔던 성경구절들 중 하나다. 예수를 통하지 않고는 구원이 없다는 이 구절에 대한 오해가 현재의 기독교를 독선과 배타의 종교로 이끌게 한 것이 아닌가 생각한다. 어린 시절, 이 구절에서 품었던 의문은 예수가 이 땅에 오기 전, 즉 예수를 모르고 죽었던 사람들에 관해서다. 예를 들자면 우리나라의 위인들, 이순신 장군이나 세종대왕 같은 분들은 당연히 예수를 모르고, 즉 예수를 믿지 않고 죽었기 때문에 아무리 훌륭한 일을 하고 올바르게 살았다 하더라도 지옥에 갈 수 밖에 없었다는 논리에 대한 의문이다. 독실한 신자이신 어머니께 여쭤 보았더니 "예수님이 다시 오시는 때에, 이런 분들은 다시 심판을 받고 천국으로 갈지, 못 갈지를 다시 결정한다"고 하셨다. 과연 그럴까? 당시에는 입증이 불가능한 의문이었기에 그냥 넘어갈 수밖에 없었고 이런 의문들은 줄곧 성서와 신앙은 '무조건적인 믿음'이 우선되어야 하고 '따지고 의심하는 마음을 품는 것'은 믿음이 적은 자의 태도이며 불신앙의 불온분자 취급을 하는 '신앙의 선배·교사들'로부터 무시, 외면당해 왔다. 하지만 내가 품었던 이 의문을 가졌던 사람은 아주 오래전 초기 기독교사회 때부터도 있어왔고 그 후로도 지속되었다는 사실이다. 그중 가장 유명한 인물은 유스틴Justin Martyr, AD100?~165이다. 그는 서기 150년경 제정로마 5현제賢帝 중 마지막 2명이었던 안토니우스 피우스 황제와 마르쿠스 아우렐리우스 황제에게 "기독교인들은 무신론자가 아니며 로마 당국에 하등에 적대적인 사상을 갖고 있지 않다"는 기독교를 옹호하는 제1, 제2 변론서Apology를 저술한 바 있다. 결국은 명상록을 집필한 철학자 황제철인황제로 유명한 아우렐리우스 황제 때 참수형으로 순교했다. 유스틴은 팔레스티나의 플라비아 네아폴리스구약성서의 세겜지방에서 태어났고 어려서부터 철학공부에 심취해 에베소에서 스토아철학을 시작으로 아리스토텔레스의 소요학파산책길에서 강의하고 논의한다는 '페리파토스' 라는 말에서 유래, 피타고라스학파와 플라톤학파 등 당대의 모든 그리스철학을 섭렵했다. 궁극적으로는 심오한 플라톤주의자가 되었는데, 이는 플라톤철학이 그가 젊어서부터 가져온 기독교신앙과 큰 저항 없이 접목할 수 있었기 때문이다. 그는 기독교나 전통적인 플라톤철학이나 모두 초월적이고 변하지 않는 하나님에 대한 열망의 산물일 뿐이며, 기독교신앙의 지적 언어 표현은 로마사회의 모든 이성과 조화되는 데 아무 문제가 없다고 주장하였다. 그는 그리스철학의 소산인 헬레니즘과 히브리종교의 전승인 헤브라이즘을 융합해 기독교신학의 기반을 닦은 최초의 인물이 되었다.

유스틴은 그리스철학의 로고스 이론과 요한복음의 가르침을 결합해 예수는 이 땅에 오시기 전부터 계셨다는 '선재적先在的 그리스도론' 이라는 '기독교적 로고스 이론' 을 주창했다. 그의 이론은 이와 같다.

예수는 하나님의 로고스말씀 · 진리로서 영원한 신적 존재이고 그렇기 때문에 태초부터 하나님과 함께 있었고, 우주 만물이 예수에 의해 지어졌으며, 영원히 존재한다. 우리가 아는 '역사적 예수', 곧 베들레헴의 마구간에서 태어나 골고다의 십자가에서 돌아가신 나사렛 사람 예수는 그 로고스가 세상을 구하려고 육신이 되어 잠시 세상에 온 것이다.

유스틴의 이 같은 주장은 신약성서의 내용과도 일치한다.

"태초에 말씀이 계시니라. 이 말씀이 하나님과 함께 계셨으니 이 말씀이 곧 하나님이시니라. 그가 태초에 하나님과 함께 계셨고 만물이 그로 말미암아 지은 바 되었으니 지은 것이 하나도 그가 없이는 된 것이 없느니라."(요한복음 1장 1~2절)

"말씀이 육신이 되어 우리 가운데 거하시매 우리가 그 영광을 보니 아버지의 독생자의 영광이요, 은혜와 진리가 충만하더라."(요한복음 1장 14절)

이와 같이 유스틴의 주장은 성경말씀과 완전히 일치하기 때문에 기독교의 어떤 종파, 어떤 교리와도 상충되지 않는다. 누구도 반박할 수 없는 이론인 셈이다.

그런데 유스틴은 여기서 멈추지 않고 한 걸음 더 나아가 다음과 같이 주장했다.

신의 로고스를 따라 살았던 사람들은 비록 그들이 스스로를 무신론자라고 생각하며 살았다고 하더라도 다 그리스도인이다. 마치 그리스인들 가운데 소크라테스와 헤라클레이토스, 그 외에 몇몇 사람이, 그리고 유대인들 사이에서는 아브라함, 아나니아, 이사야, 미사엘, 엘리야와 많은 사람이 그러한데, 여기서 그 이름을 일일이 열거하면 너무 지루할 것 같아서 이만 멈춘다.

무종교인, 무신론자, 타종교인 중에서도 로고스하나님의말씀, 진리를 따라 살았던 사람들은 구원을 받아 천국에 간다는 말이다. 유스틴이 '선재적 그리스도론' 을 통해 정작 하고 싶었던 말은 이것이기도 하다. 그는 소크라테스와 플라톤을 '그리스도 이전의 그리스도인' 이라고 부르기도 했다. 나의 어린 시절 의문, '이순신 장군과 세종대왕은 천국에 정녕 가지 못하는가' 를 완벽하게 해결할 수 있는 이론이 아닐 수 없다.

"예수 천당, 불신 지옥"의 핵심이 되었던 구절, 즉

> "내가 곧 길이요 진리요 생명이니 나로 말미암지 않고는 아버지께로 올 자가 없느니라."(요한복음 14장 6절)

의 '나' 는 역사적 예수, 몸으로 이 땅에 오신 예수가 아니라 '이전부터 계셨던 선재적 예수' , 유스틴과 초기 기독교 교부, 학자들이 주장했던 '로고스 예수' 로 해석함이 옳다고 봐야 할 것이다. 그렇지 않으면 내가 어린 시절 품었던 의문 가운데서 계속 헤어나지 못할 것이다. 이러한 의문에 대한 논쟁은 예수님조차도 피할 수 없었다.

예수께서 예루살렘 성전에서 유대인들을 만나 논쟁할 때,

"너희 조상 아브라함은 나의 때 볼 것을 즐거워하다가 보고 기뻐하였느니라."

라고 하시자 유대인 중 한 사람이 놀라며 미친 사람 대하듯이,

"네가 아직 오십도 못 되었는데 아브라함을 보았느냐?" 고 묻자 예수께서는 "아브라함이 나기 전부터 내가 있느니라."(요한복음 8장 56절~58절)

라고 답하셨다.

만약 역사적 예수와 로고스적, 선재적 예수를 혼동하면 유대인들이 믿음의 조상으로 생각하는 아브라함조차 천국에 갈 수 있을까 하는 의문에 빠지게 된다. 아브라함은 성서연구자들이 추정할 때 예수보다 약 1900여 년 이전 사람이라고 한다. 이런 사람을 보고 만났다고 하니 당시 유대인들은 당연히 예수를 미친 사람이거나 귀신들린 사람이라 생각하였을 것이다. 하지만 예수께서는 유스틴이 주장함과 똑같이 아브라함이 나기 전부터 있었다는 '선재적 예수' 임을 본인의 말로 말씀하셨다.

그렇다면 예수가 육신으로 이 땅에 오시기 1900여 년 전 죽었던 아브라함은 '선재적 예수' 또는 '로고스 예수' 를 만나고 천국에 가 있을까? 이 또한 성경에서 예수님께서 직접 말씀하셨다.

"한 부자가 있어 자색 옷과 고운 베옷을 입고 날마다 호화로이 연락하는데 나사로라 이름한 한 거지가 헌데를 앓으며 그 부자의 대문에 누워 부자의 상에서 떨

어지는 것으로 배불리려 하매 심지어 개들이 와서 그 헌데를 핥더라. 이에 그 거지가 죽어 천사들에게 받들려 아브라함의 품에 들어가고 부자도 죽어 장사되매

저가 음부에서 고통중에 눈을 들어 멀리 아브라함과 그의 품에 있는 나사로를 보고 불러 가로되 아버지 아브라함이여 나를 긍휼히 여기사 나사로를 보내어 그 손가락 끝에 물을 찍어 내 혀를 서늘하게 하소서 내가 이 불꽃 가운데서 고민하나이다.

아브라함이 가로되 얘 너는 살았을 때에 네 좋은 것을 받았고 나사로는 고난을 받았으니 이것을 기억하라 이제 저는 여기서 위로를 받고 너는 고민을 받느니라 이뿐 아니라 너희와 우리 사이에 큰 구렁이 끼어 있어 여기서 너희에게 건너가고자 하되 할 수 없고 거기서 우리에게 건너 올 수도 없게 하였느니라."(누가복음 16장 19절~26절)

위에 인용한 성경구절은 '부자와 나사로' 라는 이야기로 예수께서 천국에 대해 언급하신 대목이다. 성경을 통틀어 천국을 다녀오거나 아니면 천국으로부터 이 땅에 온 인물은 오직 예수밖에 없다. 그렇기에 천국을 구체적으로 형상화하여 말해줄 이는 오직 예수밖에 없다는 사실이다. 그런 예수께서 천국에는 아브라함이 있다는 사실을 말씀하고 계시다.

유스틴 이후에도 마태복음, 마가복음, 누가복음, 요한복음의 4복음서 체

계디아테사론 · Diatessaron를 처음 주창한 타티안Tatian, 120~172, 초기 기독교가 가장 번성했던 도시인 알렉산드리아의 대표적 신학자 클레멘스Titus Falvius Clemens, 140?~216? 등에 의해 유스틴의 로고스 그리스도론이 이어졌다.

하지만 이러한 로고스 그리스도론, 로고스 기독교론을 주장하던 대부분의 신학자, 주교들은 이후 '영지주의' 라는 이단으로 몰리고 3세기 이후 이른바 기독교 정통파로부터 배척돼 쇠퇴했다. 기독교교리와 기독교에 대한 사상과 이론은 중세 이후 '교부철학' '스콜라철학' 으로 이어지면서 현재 기독교 신자들이 대부분의 '정통파' 교회로부터 듣고 교육받는 설교, 교리들로 바뀌었다는 게 역사적 사실이다.

흥미로운 것은 중세 《신곡》으로 유명한 단테Alighieri Dantes, 1265~1321도 예수 이전 인물들이 천국에 갔을까에 대한 의문을 그의 작품에 표현해 놓았다. 《신곡》을 보면, 단테의 안내자 역할을 하는 고대 로마 시인 베르길리우스의 영혼이 지하에 있는 4곳의 사후세계의 첫 번째 방인 림보조상들의 고성소古聖所에서 놀라운 이야기를 한다. 베르길리우스 자신은 본래 예수가 이 땅에 오시기 19년 전에 죽어 예수를 알지 못했기 때문에 림보에 떨어졌다는 것이다. 그런데 어느 날 그리스도가 친히 내려와서 림보에 있는 자기와 다른 많은 사람들의 영혼을 구원해 주었다고 한다. 《신곡》 지옥편에는,

> 내가 여기 온 지 얼마 되지 않아 승리의 면류관을 쓰신 분이 여기에 오시는 것을 보았느니라. 그분은 최초의 아버지 아담의 영혼을 끌어내고 이어 그의 아들 아벨과 노아의 영혼, 율법을 세워 신에게 순종한 모세의 영혼, 족장 아브라함과 다

윗 왕, 야곱과 그 아비 이삭과 아들들, 그리고 야곱에게 충실히 종사한 라헬의 영혼과, 그 밖에 선택된 많은 영혼을 불러내 축복해 주셨다.

라고 기술되어 있다. 단테의 상상력으로 그린 천국과 지옥의 모습이다.

현재 정통 기독교에서는 '영지주의' 에 대해 영과 물질의 이원론적인 사상에 입각해 신비주의를 주장하는 그릇된 이단집단의 사상이라고 단정하고 있다. 하지만 '영지靈知주의' 란 말은 그노티시즘gnosticism을 우리말로 번역한 것으로, 그노시스gnosis의 어원은 단지 지식, 앎, 지혜 등을 의미하며 1~2세기 초기 기독교 사회에 널리 퍼져있던 기독교사상이다. 영지주의의 발달과 유행은 당시 가장 유력한 학풍, 사상이었던 플라톤철학 등 그리스철학에 기반해 예수와 기독교를 이해하고자 노력하는 과정으로 볼 수 있다. 어떻게 보면 필연적이고 자연스러운 현상이라고 할 수 있다. 당시 그리스철학은 지식인들에게 모든 현상과 우주, 자연을 이해하는 가장 높은 수준의 학문이었다. 이러한 철학에 깊은 학식을 가진 이들에게 예수께서 이 땅에 오셔서 행하신 모든 일과 말씀, 십자가에서 돌아가신 후 그의 제자들의 행적과 말씀을 그들 입장에서 가장 합리적으로, 또한 가장 이성적으로 받아들일 수 있는 방법은 그들의 철학을 통해 이해되어야 한다는 것이었다. 이들은 이러한 시도에 성공했고 받아들이고 전파했다. 이성과 신앙의 합일, 즉 머리로 이해 가능한 기독교라고 할 수 있다.

사실 현대의학은 철저하게 과학적인 근거에 의한다. 새로운 치료약, 새로운 수술법이 생겨나도 환자들에게 시술하려면 안전성과 효과에 대한 체계적인 검증이 필요하고 다수의 의사에 의해 재현가능하고 타당하다고 인정을 받아야 한다. 이런 사고체계에 너무도 익숙해져 있는 나로서는 신앙도 무조건적인 믿음이 아닌 내가 갖고 있는 이성적 사고로 이해하려는 노력을 해왔다. 지금의 대다수 교회에서는 맹목적 믿음, 무조건적인 복종을 강요하고 있다.

"의문이 생겨도 따지지 말고 먼저 믿어라."

"신앙은 먼저 믿음으로부터 시작된다."

이것이 성서의 여러 곳에서 발견되는 모순, 오류 등을 모면하려 하는 현대 기독교의 모습이다.

'성서 무오류설' 이라는 교리가 있다. 성경은 그 기록자가 하나님의 영감을 받아 적은 것이므로 일점일획도 틀림이 없다는 내용으로, 현재 우리나라 최대 기독교 교단의 기본 교리다. 하지만 기독교 역사를 돌아보면 지금 우리가 읽고 있는 성경은 어느 날 갑자기 지금의 형태로 하늘로부터 뚝 떨어진 것이 아님을 알 수 있다. 초대 기독교사회에는 아예 성서라는 것이 존재하지도 않았고 172년경 4복음체계, 이후 300년경 23서 체계를 거쳐 367년 아타나시우스에 의해 현재의 27서 정경正經체계가 확립되었다. 어떤 것은 정경으로 채택하고 어떤 것은 채택하지 않는 일련의 과정에는 당시 시대상, 정치상황 등이 반영됐다. 또 성서학자, 종교인들 사이에 끊임없는 갈등과 논쟁을 통해 정경체계가 이루어졌다는 것을 알 수 있다. 그 이후에도 번역과 개정 과정에 여러 성경판본들이 나왔고 이에 대한 해석도 너무 다양하여 획일적으로 성경의 문자 하나하나에 의미를 두는 것은 큰 오류라고 할 수 있다.

이제 결론적으로 말하면, 하늘나라 또는 천국은 말씀로고스으로 태초부터 계셨던 예수의 진리를 깨닫고 그 진리에 따라 살았다면 누구나 갈 수 있는 곳이라고 생각한다. 가톨릭에서는 1965년 개최된 제2차 바티칸 공의회에서 "그리스도의 복음과 교회를 알지 못할지라도 성실한 마음으로 하나님을 찾으며, 양심의 명령으로 알려진 하나님의 뜻을 은총의 힘으로 실천하려고 노력하는 사람은 영원한 구원을 얻을 수 있다"고 선포한 바 있다. 하지만 개신교에서는 아직도 "교회밖에는 구원이 없다"는 배타적 교리를 고수하고 있으며 가톨릭의 이런 변화를 '종교 다원주의'라고 하면서 이를 현대의 가장 위험한 사상과 움직임으로 간주하고 있다. 이제는 이런 모습에서 탈피할 시기가 도래하지 않았나 싶다.

어떤 책에서 평생 목사, 신부로 살아온 분들이 죽음을 맞이한 상황에서 구원에 대한 확신, 신앙에 대한 확신이 흔들리는 경우가 많은 반면, 이성으로 신앙을 이해했던 과학자 크리스천들은 죽음을 맞는 순간에도 신앙의 흔들림이 없었다는 글을 본 적이 있다. 과학적 이성으로 받아들이는 신앙이야말로 진정한 예수의 진리를 깨닫고 바르게 천국에 이르는 길이라고 믿는다.

지은이 소개

(글 게재 순)

최규홍
천문학자가 보는 하늘나라

보광스님
스님이 보는 극락세계

고재석
'대동' 을 향한 꿈, 유학의 이상사회

이정배
기독교의 하느님 나라

이한구
한국인의 유토피아

정승용
내가 바라보는 천국, 하늘나라

최규홍

· 현 연세대학교 이과대학 천문우주학과 명예교수

· 현 청색기술연구회 회장

· 전 한국천문학회 제19대 회장

· 전 사단법인 한국우주과학회 제7대 회장

〈저서〉《천체역학》(1997), 《인공위성과 우주》(2000)

대학에서 천체물리학, 천체역학을 연구하고 있었습니다. 글로벌 문화 경제 포럼에서 알게 된 박재갑 교수님으로부터 천문학자가 보는 천국에 관한 원고 청탁을 받고 상당히 망설였습니다.

사람들은 누구나 천국을 꿈꿉니다. 우리는 그 답을 알지 못하지만 예전부터 사람들은 천국이 하늘 위에 있는 것으로 생각해 왔습니다. 그러면 혹 천문학자들이 천국에 대하여 조금은 더 잘 알고 있지 않을까요? 유감스럽게도 그렇지는 않은 것 같지만 한 가지 분명한 것은, 우리가 궁금해 하는 하늘나라우주와 별들의 하나인 우리의 지구에 대해서 조금은 잘 알고 있다고 생각합니다.

그렇다면 천국을 찾기에 앞서 지금 우리가 살고 있는 이 땅, 지구와 우주, 그리고 우리 자신을 살펴보면 우리가 그리는 천국이 어떤 모습일지 추측해 볼 수 있지 않을까 하는 생각도 할 수 있을 것입니다.

보광(한태식) 스님

· 현 동국대 불교대학 교수

· 현 동국대 전자불전문화콘텐츠연구소 소장

· 현 대각사상연구원 원장

· 현 국가인권위원회 인권위원

· 현 조계종 장학위원회 장학위원장

· 현 청계산 정토사 주지

· 전 일본 경도대학 인문과학연구소 연구원

· 전 동국대 정각원장, 대외협력처장, 불교대학 학장, 불교대학원 대학원장

〈저서〉《용성선사연구》, 《신앙결사연구》, 《정법안장 강의》, 《연꽃이 피었습니다》 등 20여 권

경주에서 출생하여 원효스님의 주석처였던 분황사에서 출가했습니다. 동국대학교에서 불교학을 수학하고, 군종법사와 대학원을 마친 후 일본 경도불교대학 대학원 박사과정에서 정토학을 연구했습니다. 일본 문부성의 국비장학금을 받아 수학하였으며, 《신라정토사상연구新羅淨土思想の硏究》로 문학박사를 취득한 후 귀국하여 동국대학교에서 후학을 지도하고 있습니다.

평소에 불교의 내세관인 정토염불에 관심을 가지고 학문적인 연구와 염불수행을 실천하고 있습니다. 특히 청계산에 정토사를 건립하여 우리나라 전통

염불수행 방법인 만일염불결사운동을 전개하고 있습니다. 또한 한국정토학회를 창립하여 정토신앙과 염불수행법을 널리 선양하고 있으며, 정토법문을 설하고 있습니다. 또한 동국대학교 전자불전문화콘텐츠연구소를 창립하여 한글대장경을 비롯한 불교전적을 전산화하며, 불교문화콘텐츠개발에 열중하고 있습니다.

고재석

· 현 성균관대학교 유학대학 조교수

· 현 한국유교학회 총무이사

· 현 한국양명학회 편집이사

· 현 공자학회 편집위원

· 전 성균관대학교 유교문화연구소 선임연구원

〈역서〉 중국고대사상문화의 세계(2008)

화성과 수원에서 태어나 자랐습니다. 성균관대학교 유학과를 졸업하고, 북경대학 철학과에서 박사학위를 받았습니다. 현재 성균관대학교 유학대학 조교수입니다. 청화대 국학원장 진래 교수의 《중국고대사상문화의 세계》를 완역 · 출판했고, '공자사상의 현대종교사적 의의孔子思想之現代宗教史的意義' 등 20여 편의 논문을 발표했습니다. 최근에는 주자학과 심학의 논쟁사 및 경전 해석의 관점 연구를 진행하였고, 한국역학사 연구를 토대로 유학의 다원적 패러다임을 분석하고 있습니다. 나아가 만물일체적 사유에 기반한 유학과 현대사회의 새로운 소통 가능성을 모색하여, 가까운 곳에서부터 동심원의 자연스런 확대를 실천하고 있습니다.

이정배

· 현 감리교 신학대학교 종교철학과 교수

· 현 한국문화신학회 회장

· 현 한국종교인평화회의(KCRP) 종교간 대화위원회 위원장

· 현 대화문화 아카데미 교회분과 위원장

· 전 한국조직신학회 회장

· 전 기독자 교수협의회 회장

· 전 YMCA 환경위원회 위원장

· 전 기독교 환경연구소 소장

〈저서〉《토착화와 생명문화》(1991), 《한국적 생명신학》(1996), 《한국 개신교 전위 토착신학 연구》(2003), 《켄 윌버와 신학》(2008), 《없이 계신 하느님, 덜없는 인간》(2009), 《생태영성과 기독교의 재주체화》(2010), 《빈탕한데 맞혀놀이-다석으로 세상을 읽다》(2011)

J. 리프킨 《생명권 정치학》, J. 폴킹혼 《과학시대의 신론》, 유아사 야스오 《몸과 우주-신체의 우주성》 등 번역

기독교의 하느님 나라 사상 내지 천국론은 신학의 편차에 따라 다양한 교리로 발전되었고 상이한 방식으로 믿어지고 있습니다.

이에 필자는 극단의 보수와 진보 양자의 시각을 지양하고 중도적 시각에서

사전적 의미로 성서가 말하는 천국 사상, 하느님이 지배하는 나라에 대한 이해를 적시할 책임을 느꼈습니다. 평소에 믿고 알던 하느님 나라 사상과 많이 달라 혼란스럽게 느낄 분도 있겠으나 오히려 필자가 말하는 기독교 천국이해를 통해 기독교 새롭게 긍정하는 이들도 적지 않을 것이라 생각합니다.

기독교가 말하는 하느님 나라, 천국은 사실 유토피아란 개념과 어울리지는 않습니다. 그럼에도 이런 범주하에 묶여 소개되는 것에 넓은 이해를 바랍니다.

이한구

· 현 경희대 특임교수

· 현 성균관대 명예교수

· 전 뮌헨대학, 브라운대학, 동경여자대학 및 위스콘신 메디슨대학 연구교수

· 전 한국분석철학회, 철학연구회 및 한국철학회 회장

· 전 성균관대 철학과 교수

〈저서〉《역사학의 철학》, 《역사주의와 반역사주의》, 《지식의 성장》 등 20여 권.

학창시절 플라톤의 《국가》를 읽은 후부터 유토피아에 대해 생각을 많이 해 왔습니다. 대다수의 자유주의자들은 유토피아주의가 전체주의를 지지하는 이념이 된다고 보고 유토피아주의에 대해 반대 입장을 취했지만, 저는 유토피아를 닫힌 유토피아와 열린 유토피아로 유형화하고 닫힌 유토피아주의에 대해서는 비판하면서도 열린 유토피아주의는 자유주의와 양립 가능할 뿐만 아니라 새로운 문명의 창조를 위한 원천임을 주장해 왔습니다.

정승용

· 현 서울대학교암병원 대장암센터장

· 현 서울대학교 의과대학 외과학교실 부교수

· 전 국립암센터 대장암센터장

부모님으로부터 이어받은 기독교 신앙을 갖고 30여 년간 의학도 · 의학자 · 외과의사로 살아오면서 듣고 겪고 부딪히면서 가슴속에 묻어왔던 구원, 천국에 대한 근본적인 의문, 갈등 들을 다른 분들(종교, 신앙의 유무, 종파와 관계없이)과 공유하고 싶은 마음에 모든 면에서 부족하지만 용기를 내어 집필하게 되었습니다.